# BASEBALL
## ACTIVITY BOOK FOR KIDS

This Book Belongs To:

_____

_____

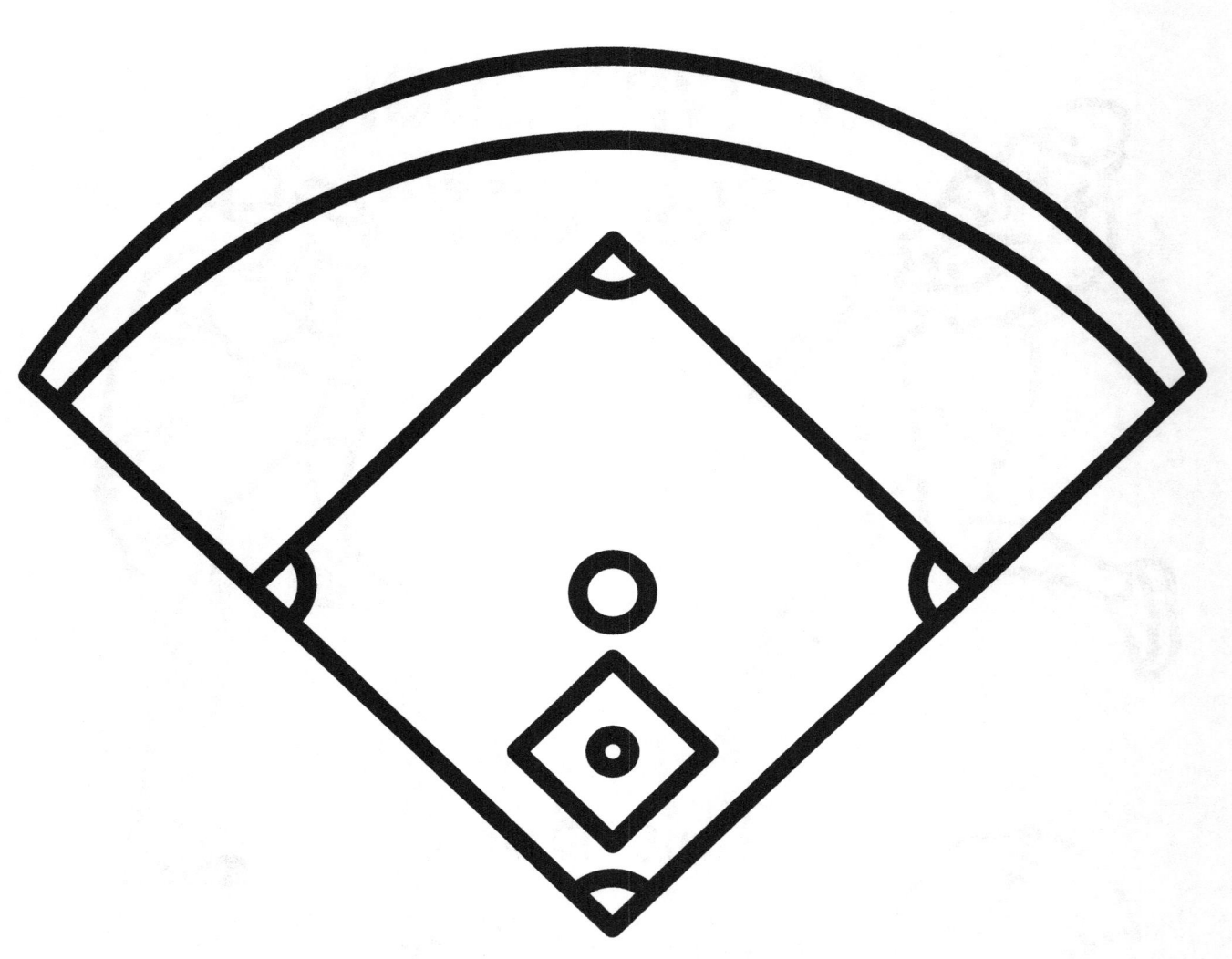

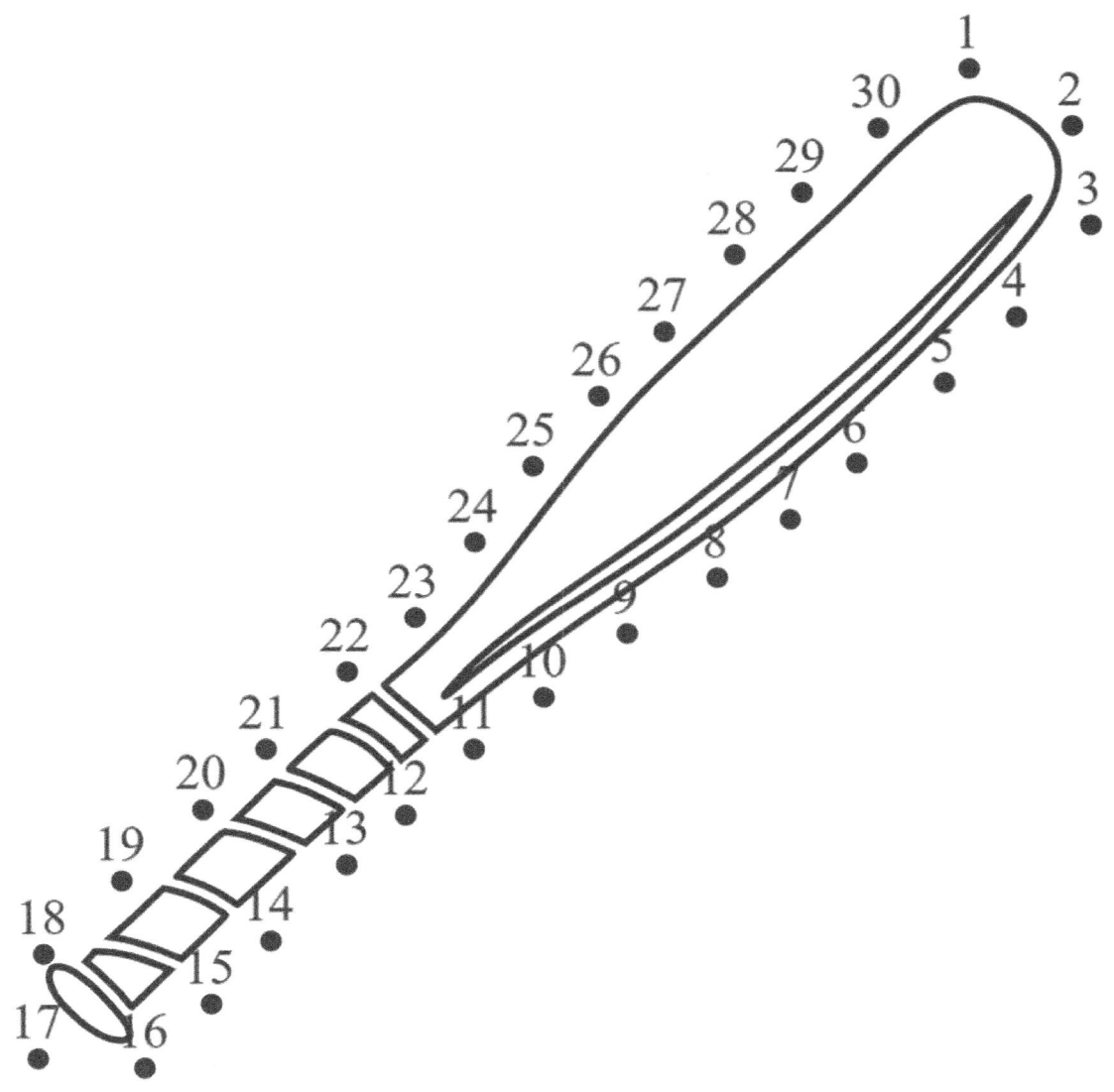

# COUNT AND TRACE

1

# Spot The Differences

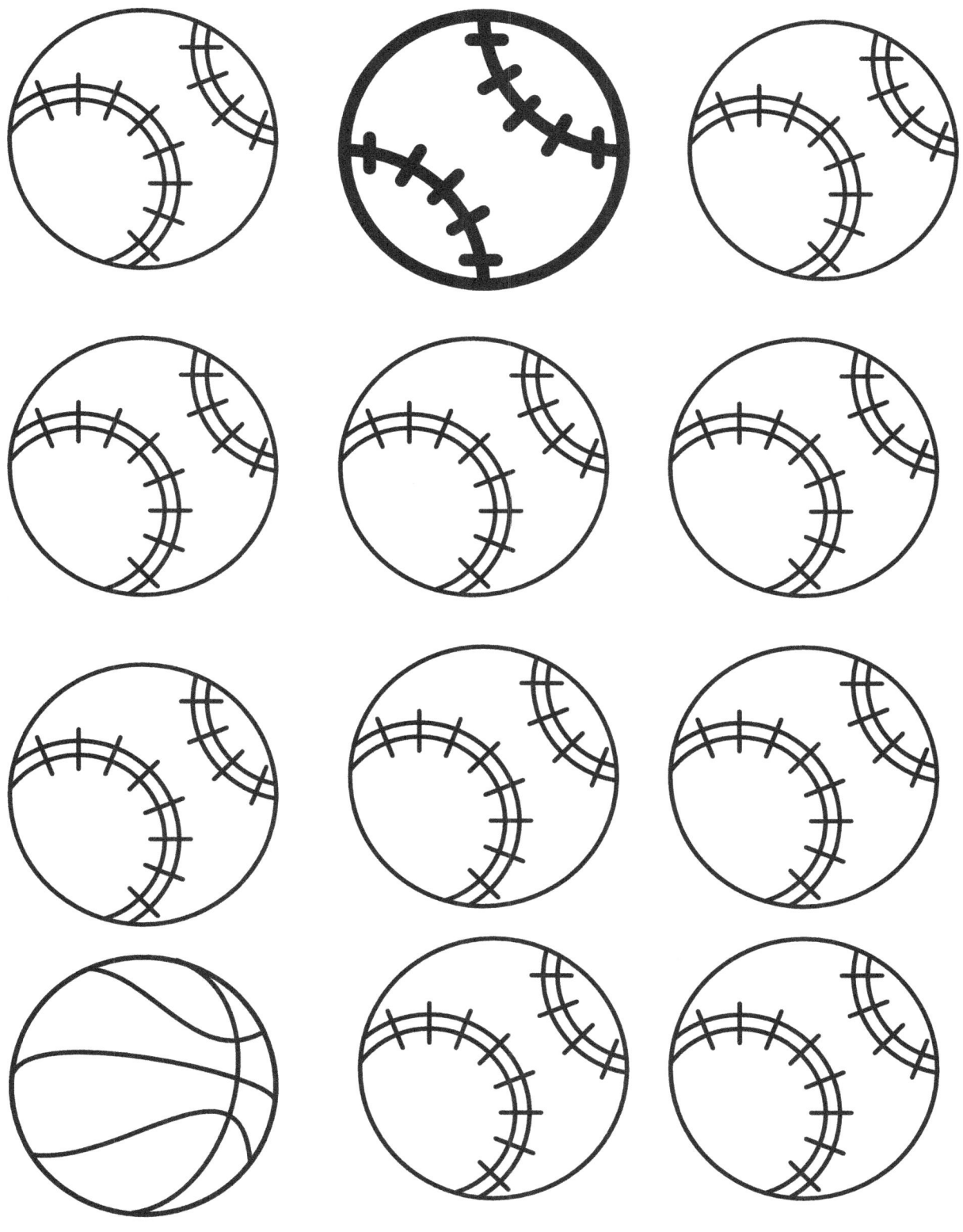

# Help the baseball through the maze.

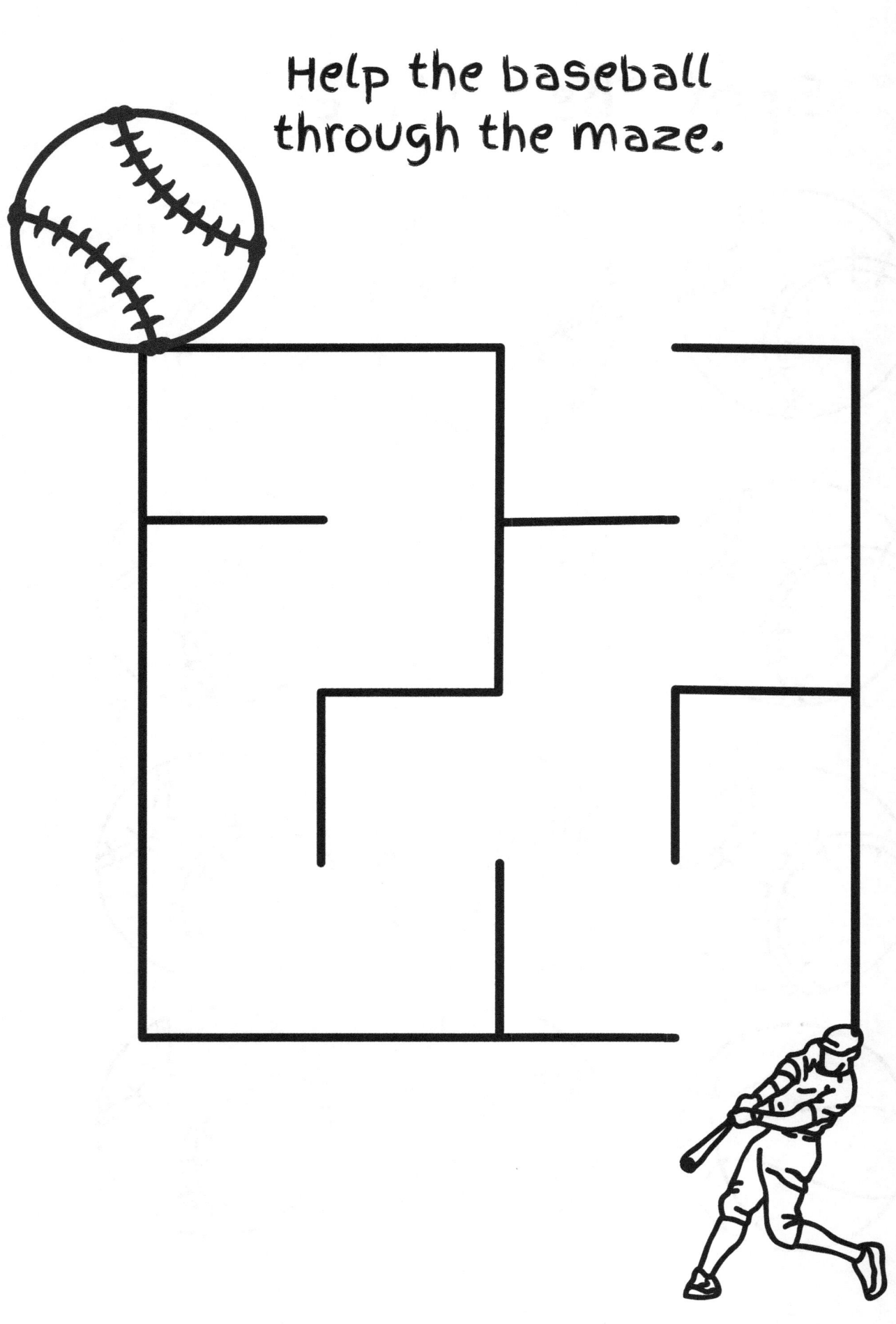

| q | g | l | d | m | o | s | y |
| v | m | l | i | q | s | m | y |
| l | l | a | b | e | s | a | b |
| f | y | b | t | u | t | d | l |
| j | i | a | e | a | r | a | m |
| q | b | e | i | r | e | v | z |
| x | m | b | l | u | e | d | m |
| s | t | a | n | d | s | z | b |

Circle the words below

ball    baseball bat    field    stand    trees

# COUNT AND TRACE

# 11

11 11 11 11 11 11

11 11 11 11 11 11

11 11 11 11 11 11

11 11 11 11 11 11

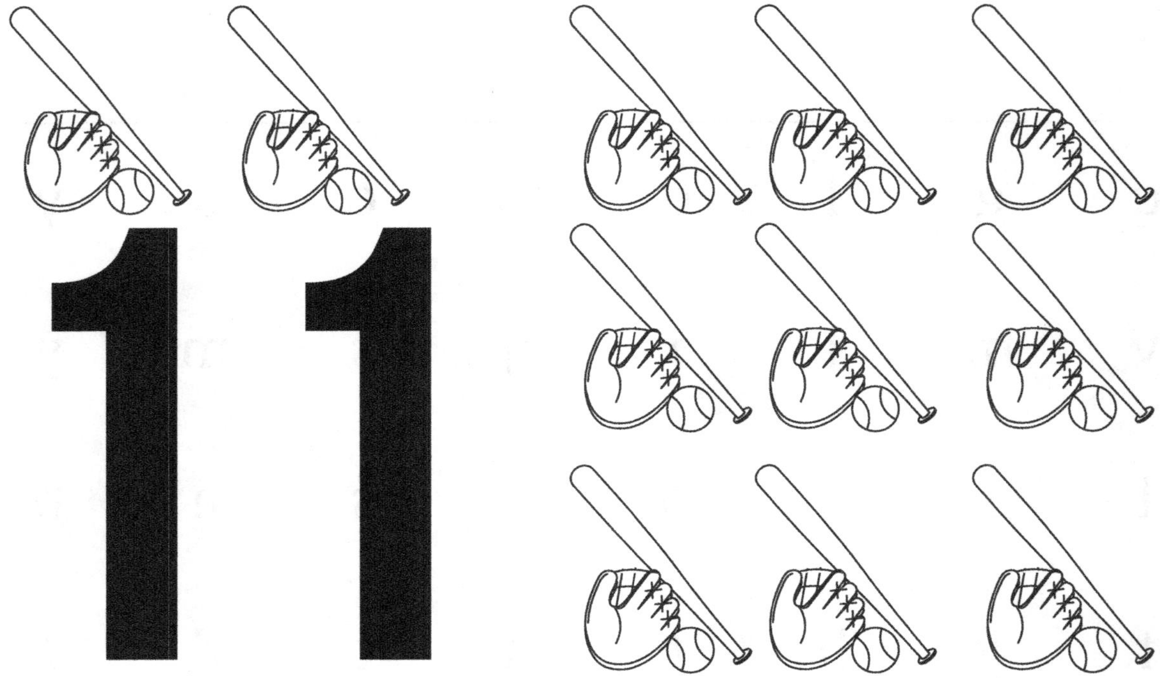

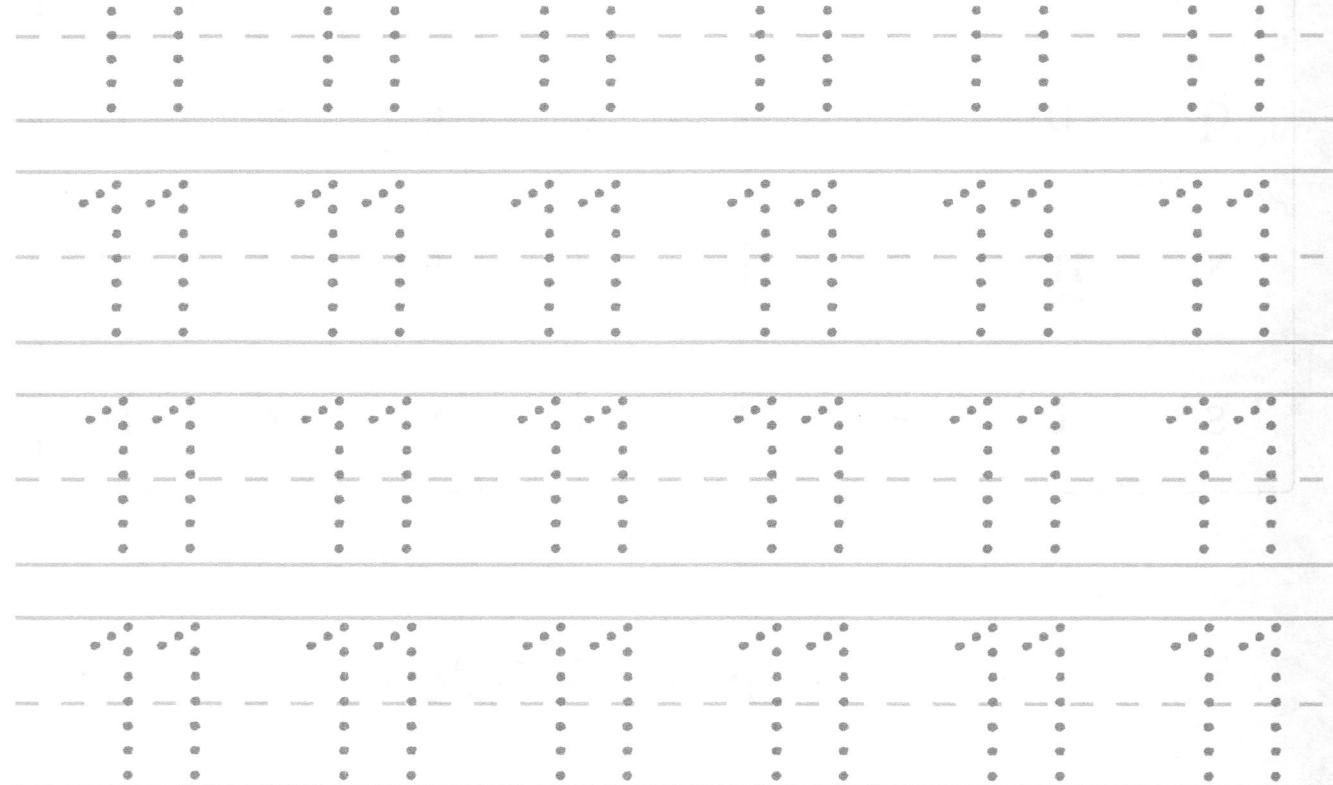

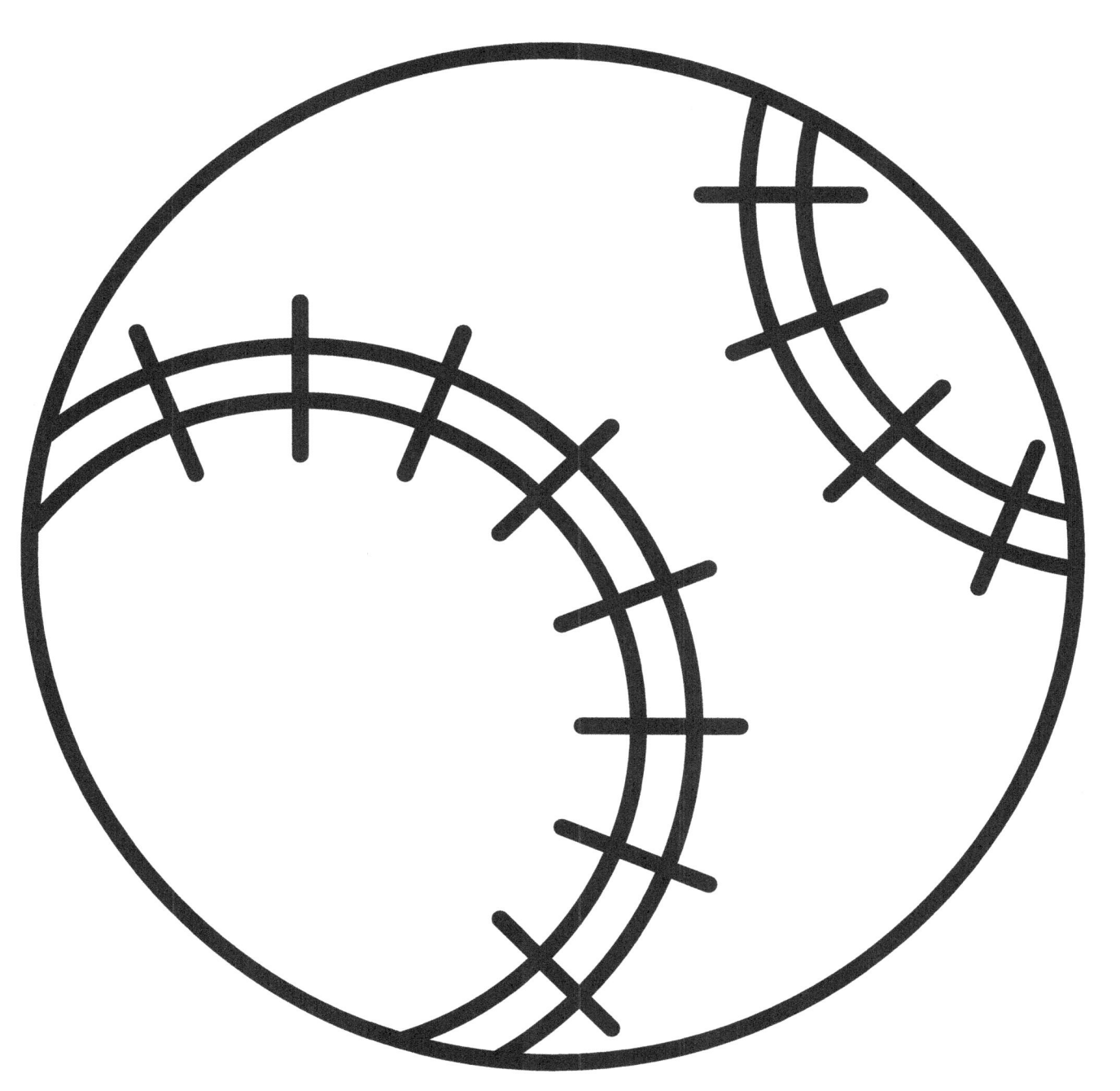

# COUNT AND TRACE

# Spot The Differences

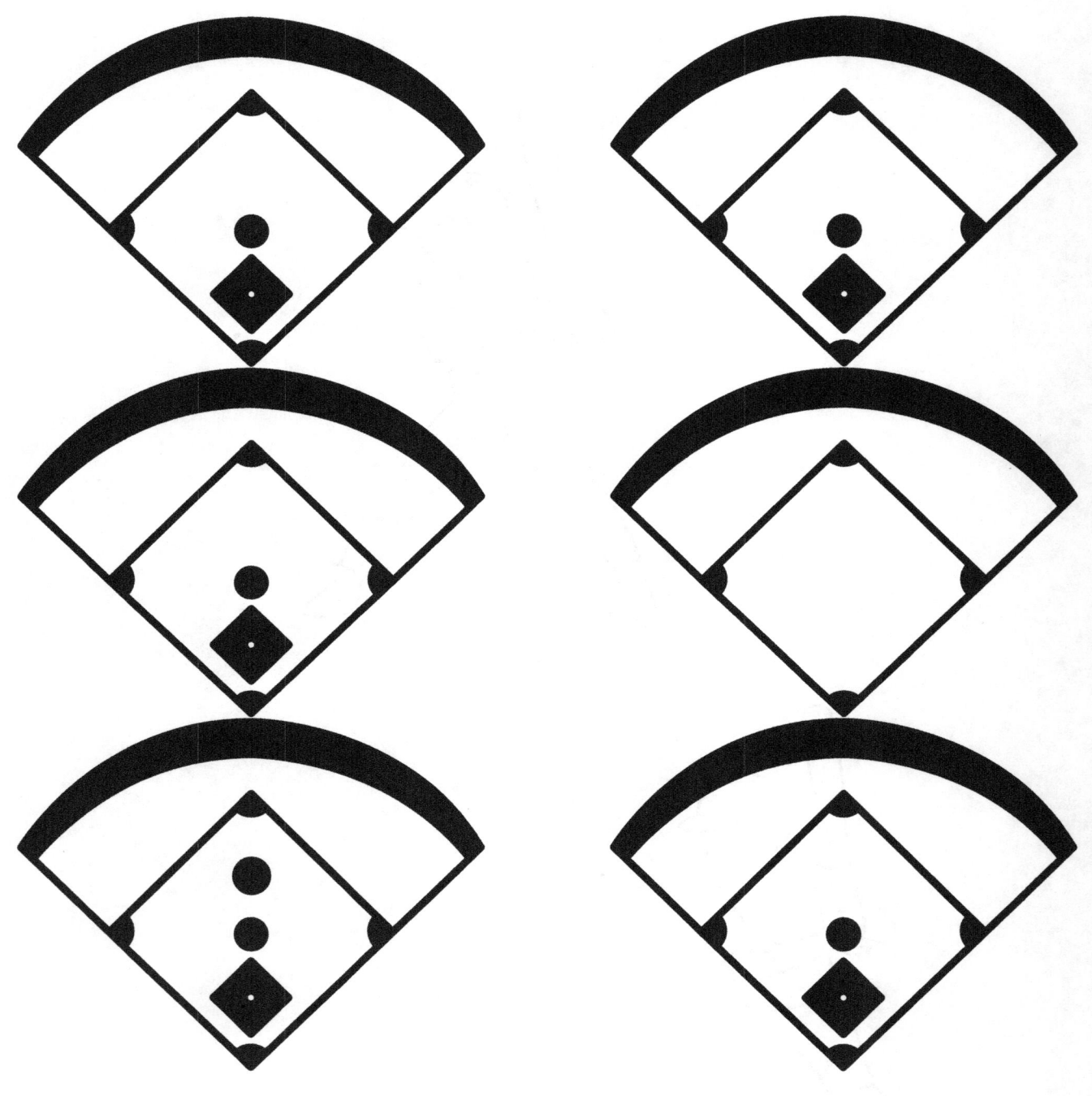

| f | r | f | l | x | t | j | h |
|---|---|---|---|---|---|---|---|
| i | a | s | d | h | i | g | x |
| h | r | n | t | n | h | a | y |
| h | a | z | m | r | e | n | v |
| s | c | a | w | n | i | j | n |
| x | s | c | o | r | e | k | x |
| d | p | t | o | i | i | b | e |
| y | s | g | r | a | s | s | a |

Circle the words below

grass   hit   sand   score   stone   strike

# COUNT AND TRACE

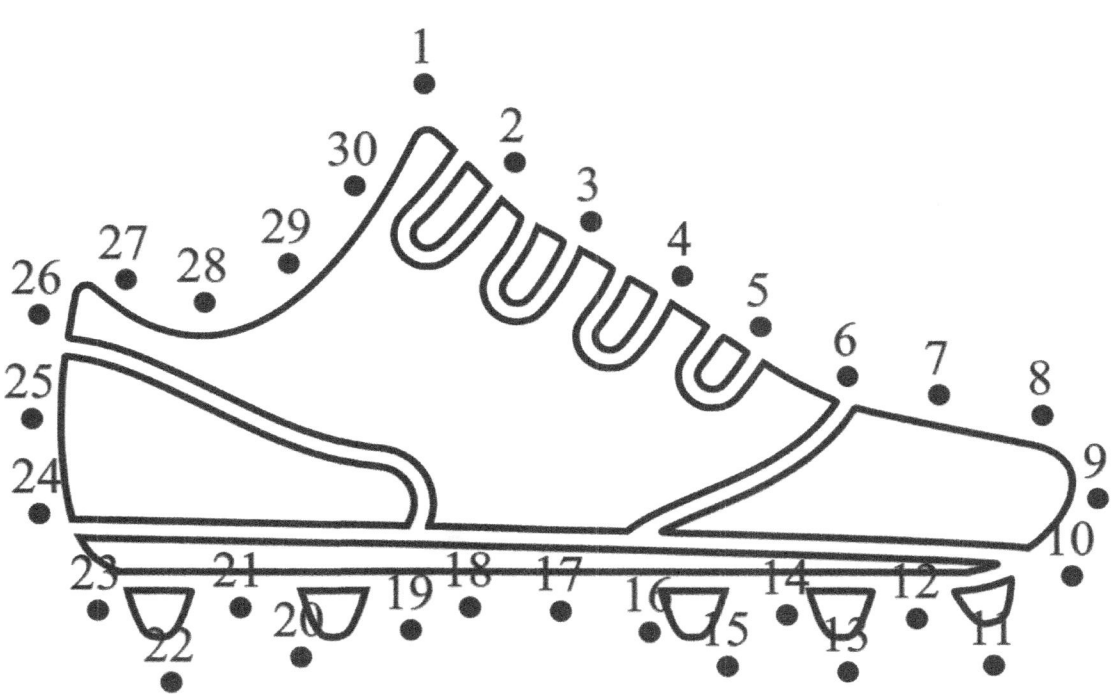

# COUNT AND TRACE

1

2

3

# Spot The Differences

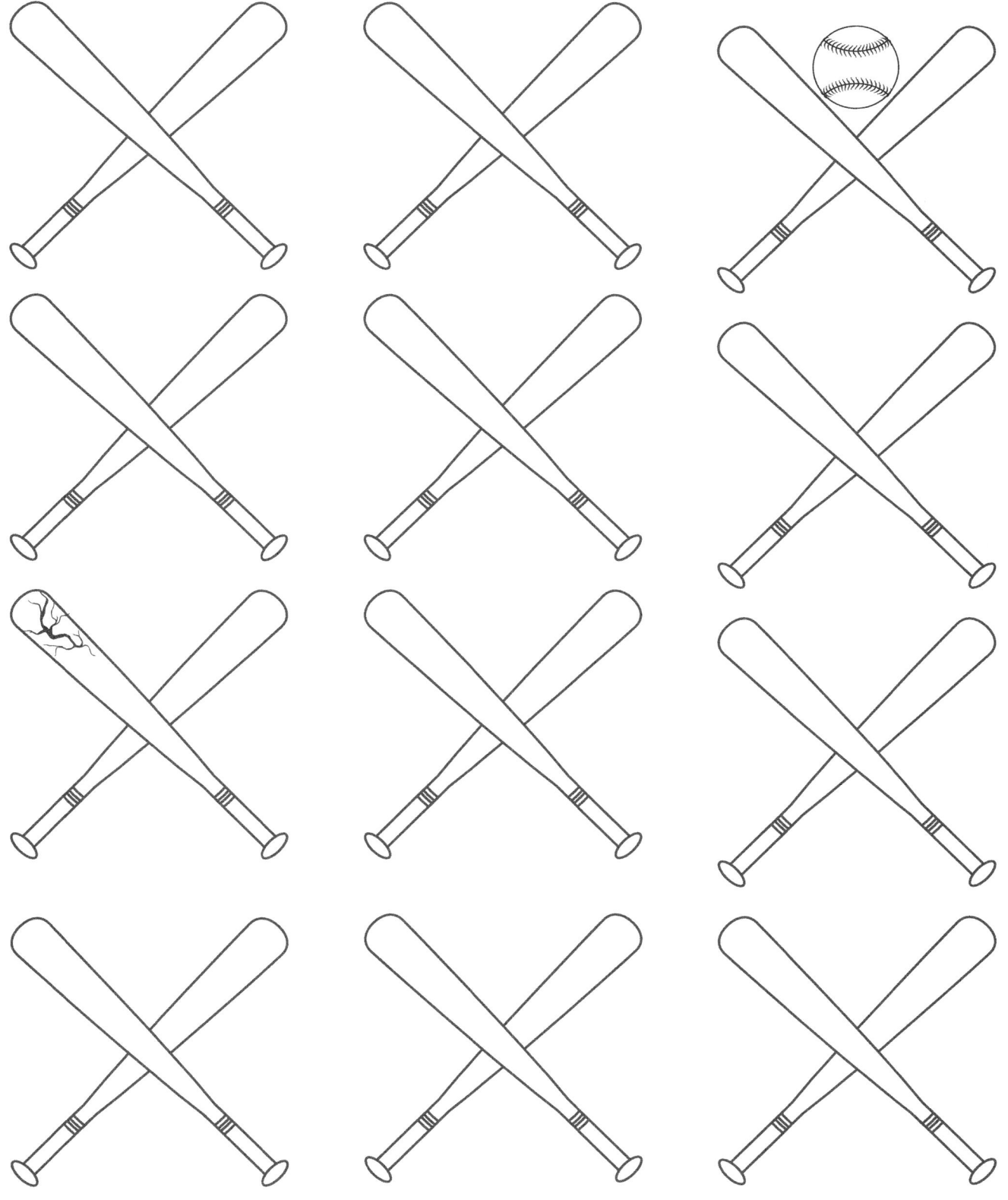

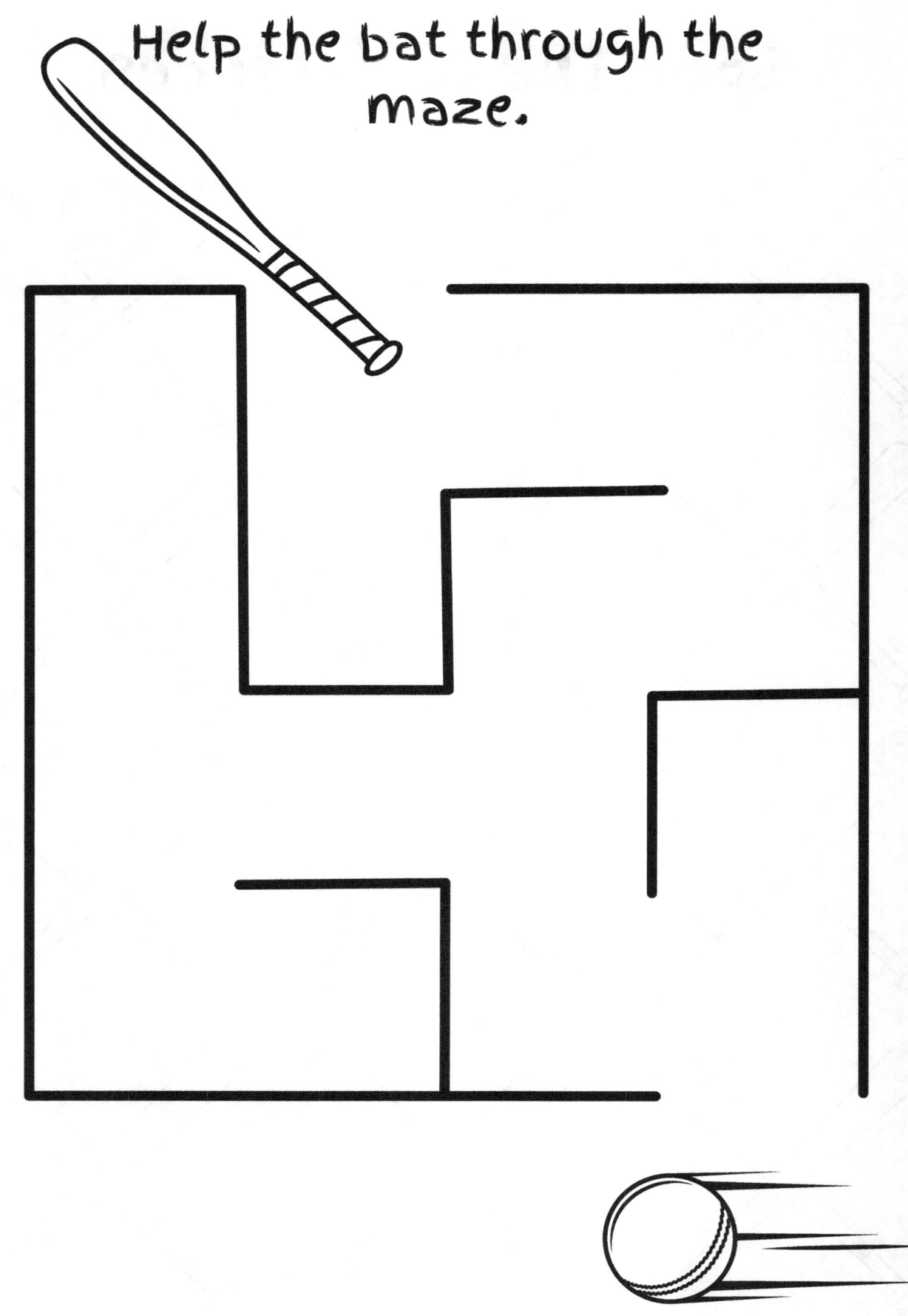
Help the bat through the maze.

| | | | | | | | |
|---|---|---|---|---|---|---|---|
| j | d | x | g | k | d | v | t |
| r | j | b | f | n | b | e | u |
| e | a | x | a | i | m | e | s |
| e | r | t | m | l | r | e | o |
| h | s | o | e | o | v | s | n |
| c | n | h | c | o | i | w | t |
| s | v | s | l | d | g | h | h |
| h | q | g | u | l | k | i | x |

Circle the words below

cheer    first    gloves    helmet    score    stand

# COUNT AND TRACE

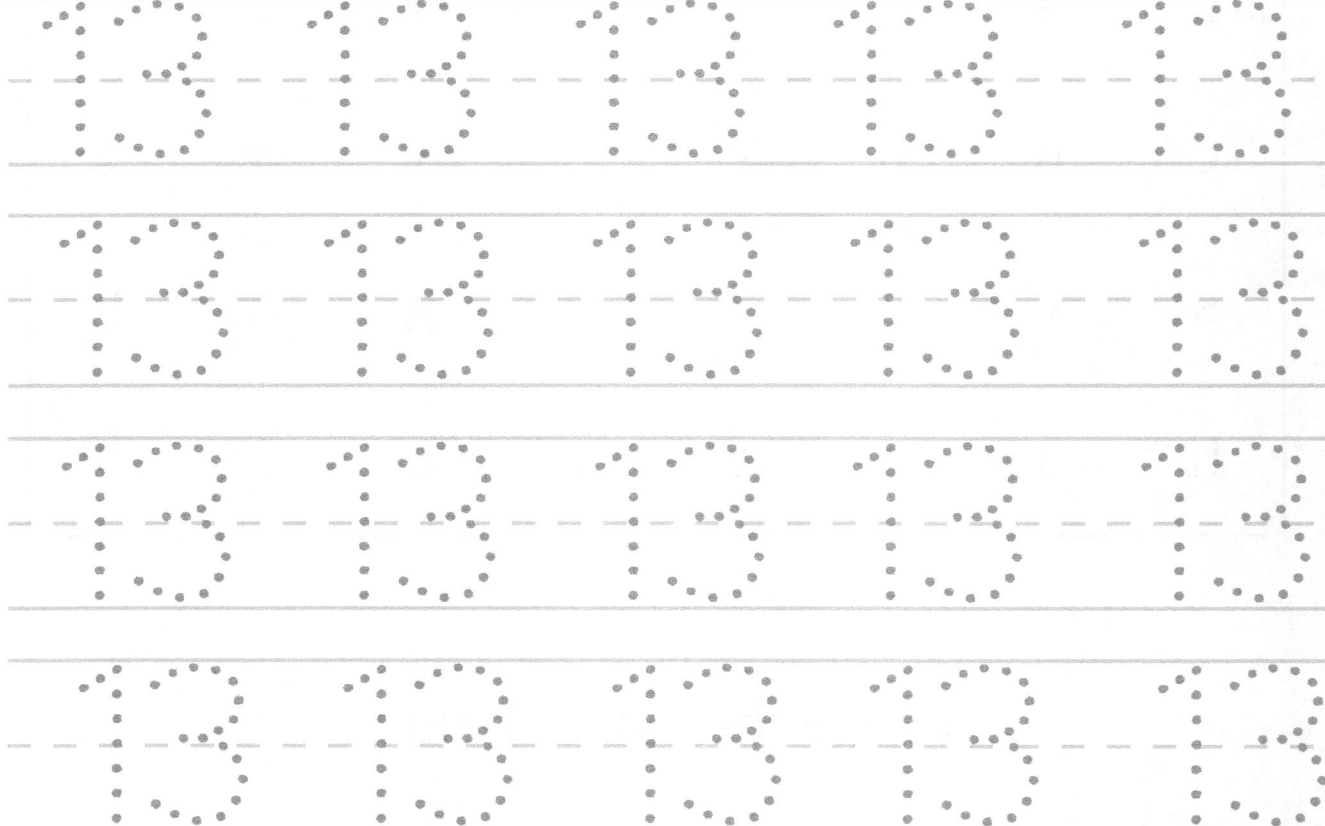

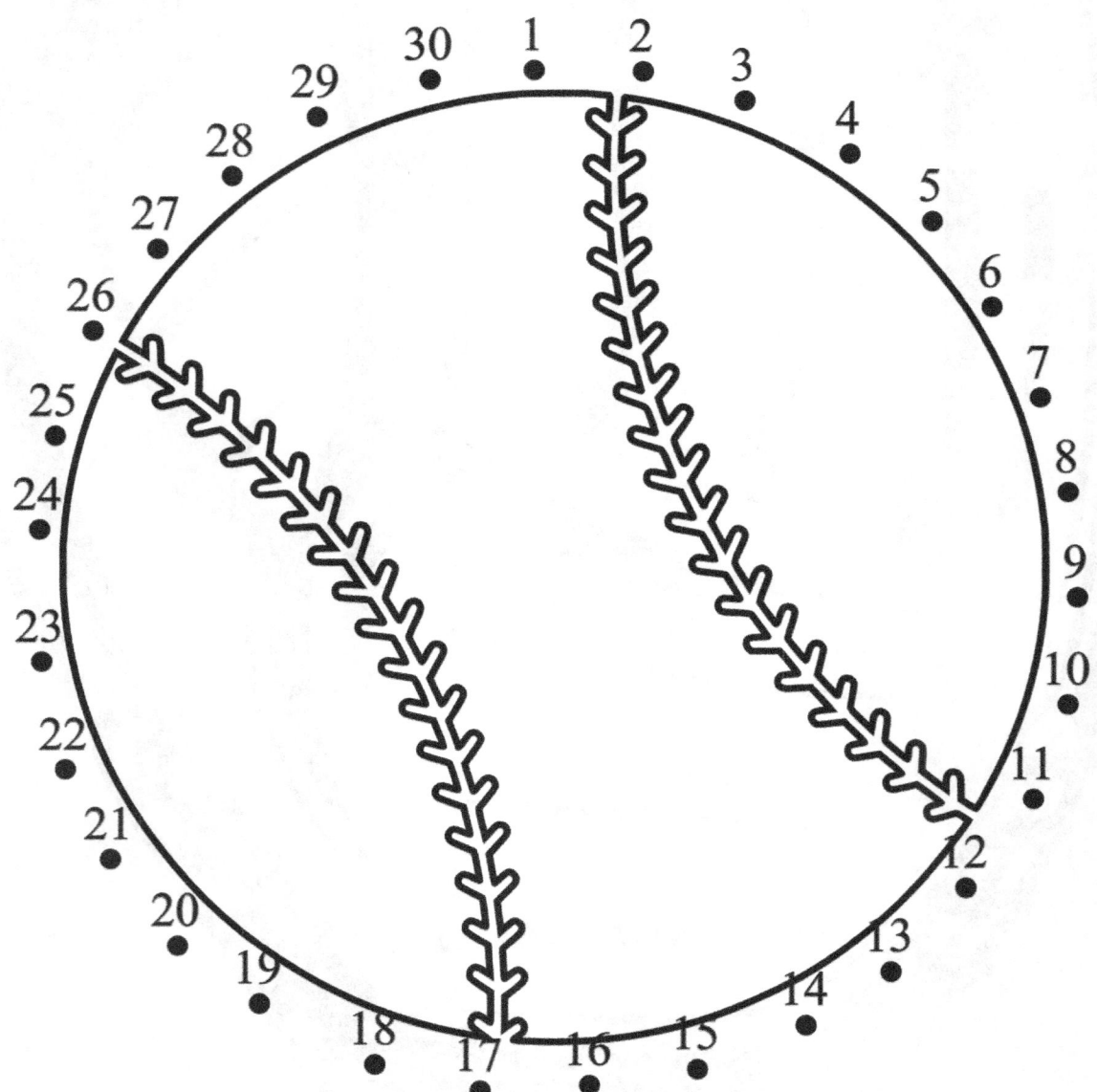

# COUNT AND TRACE

# Spot The Differences

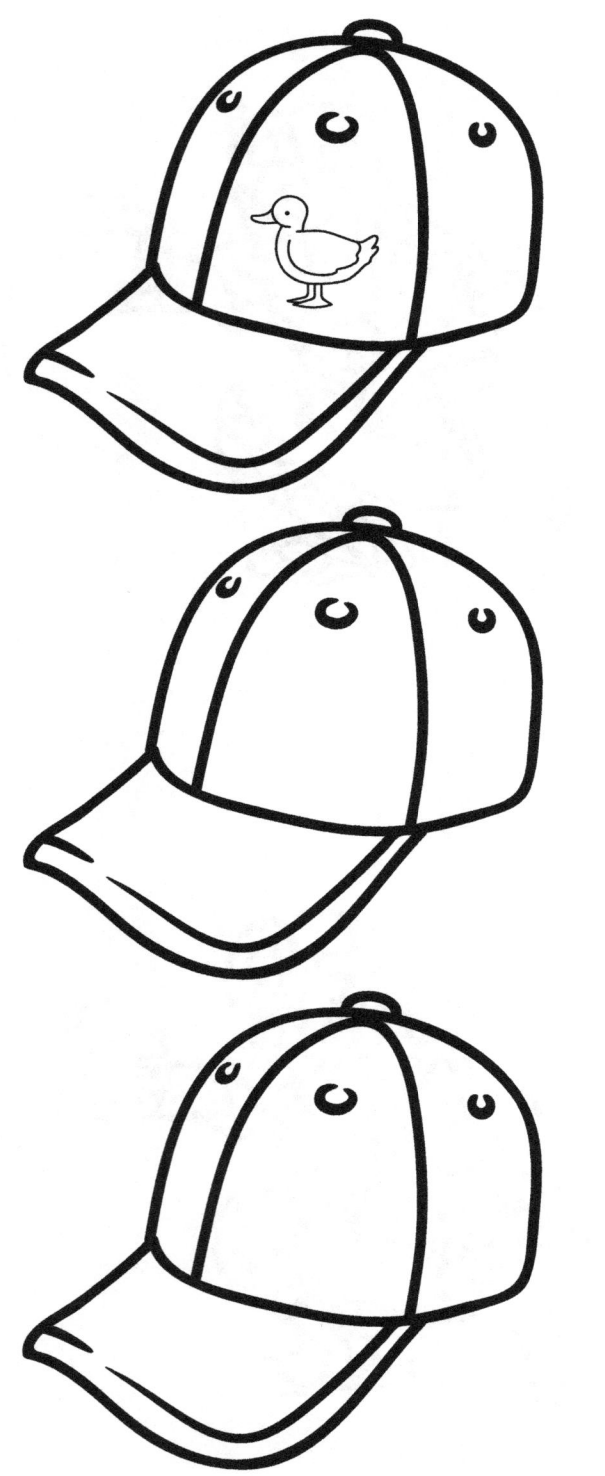

Help the glove through the maze.

| o | g | a | i | b | u | l | u |
|---|---|---|---|---|---|---|---|
| u | g | s | h | i | r | t | k |
| i | y | a | l | p | m | e | t |
| k | i | a | k | p | h | w | f |
| m | b | q | h | a | c | e | s |
| m | a | o | e | n | t | y | k |
| c | m | e | n | t | i | c | t |
| e | b | o | t | s | p | n | m |

Circle the words below

home    pants    pitch    play    shirt    team

# COUNT AND TRACE

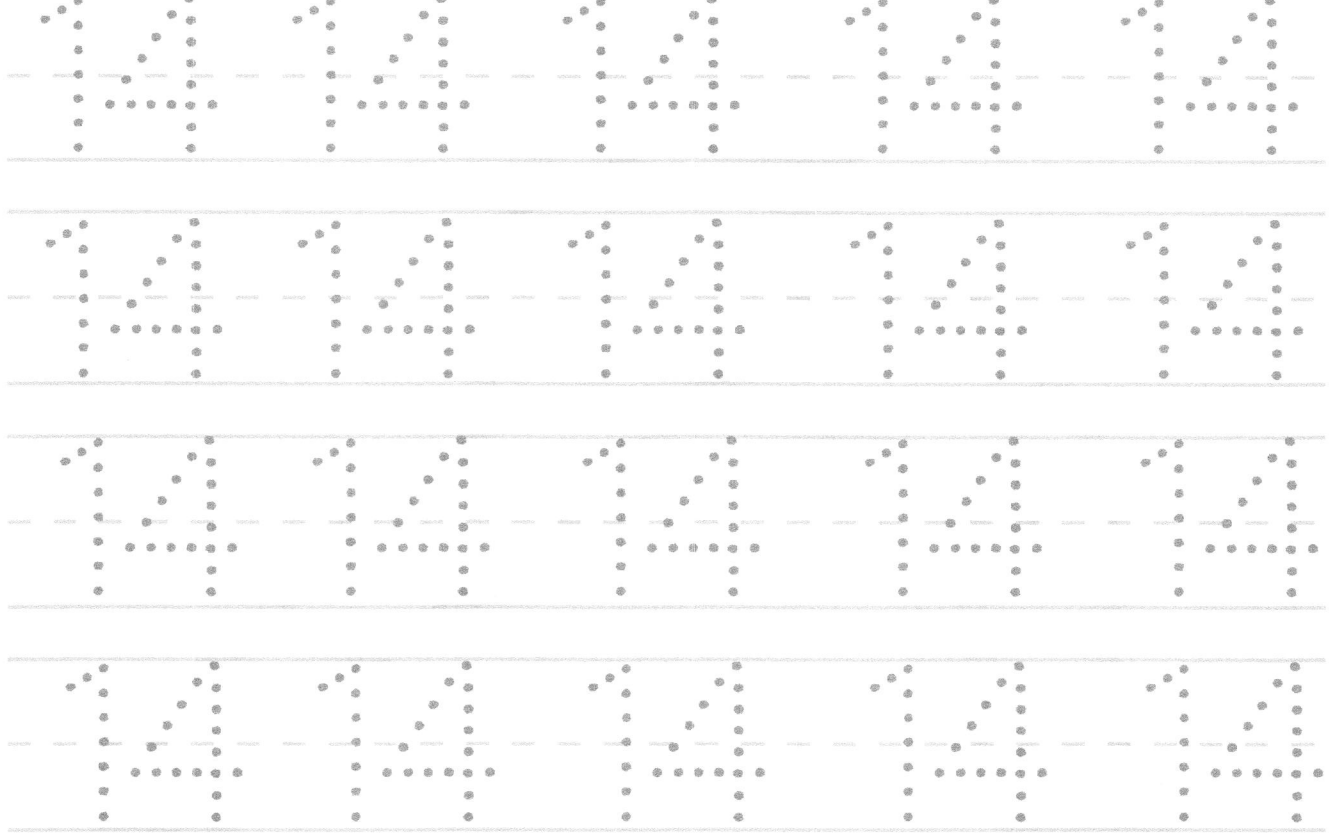

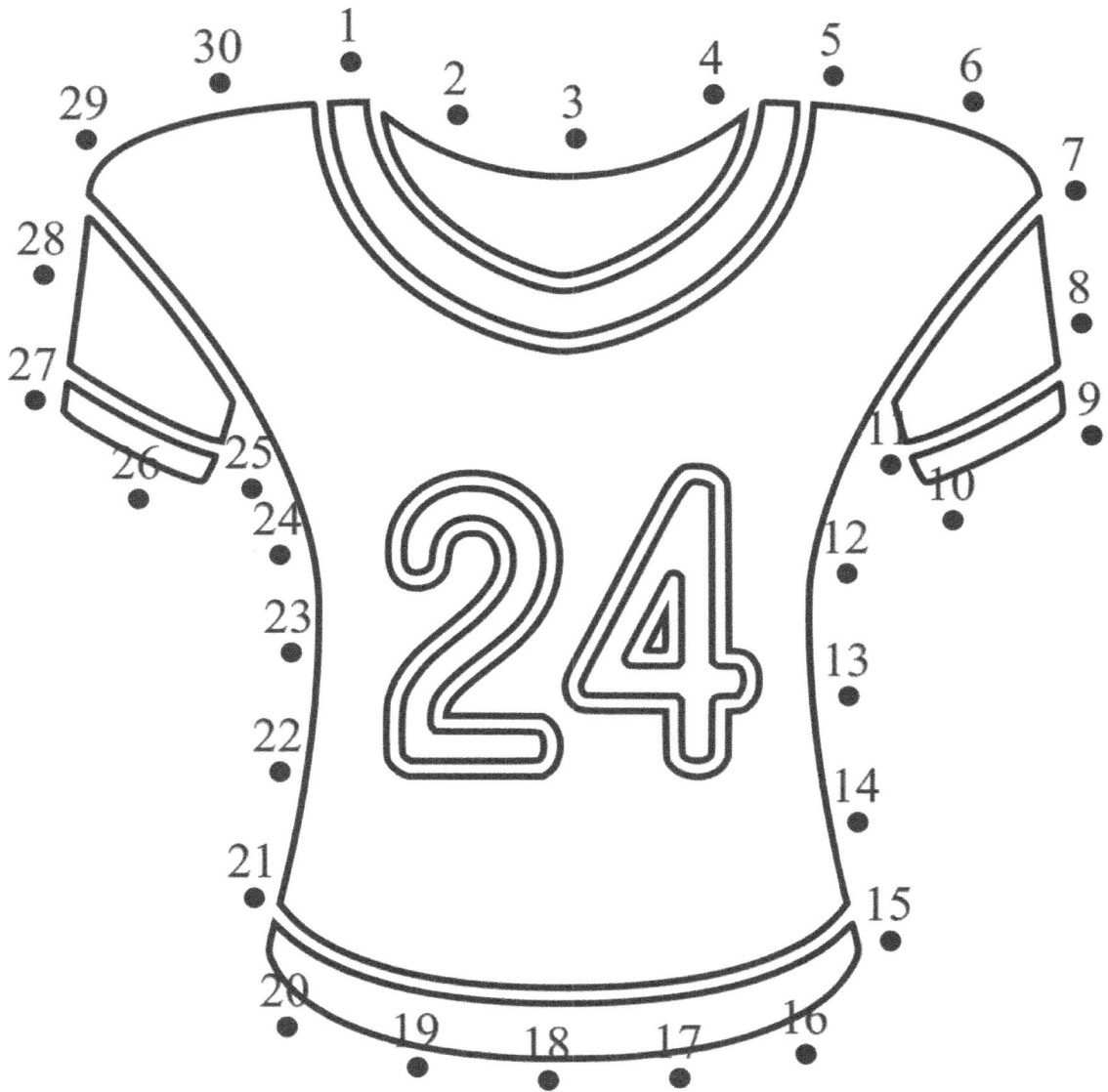

# COUNT AND TRACE

# Spot The Differences

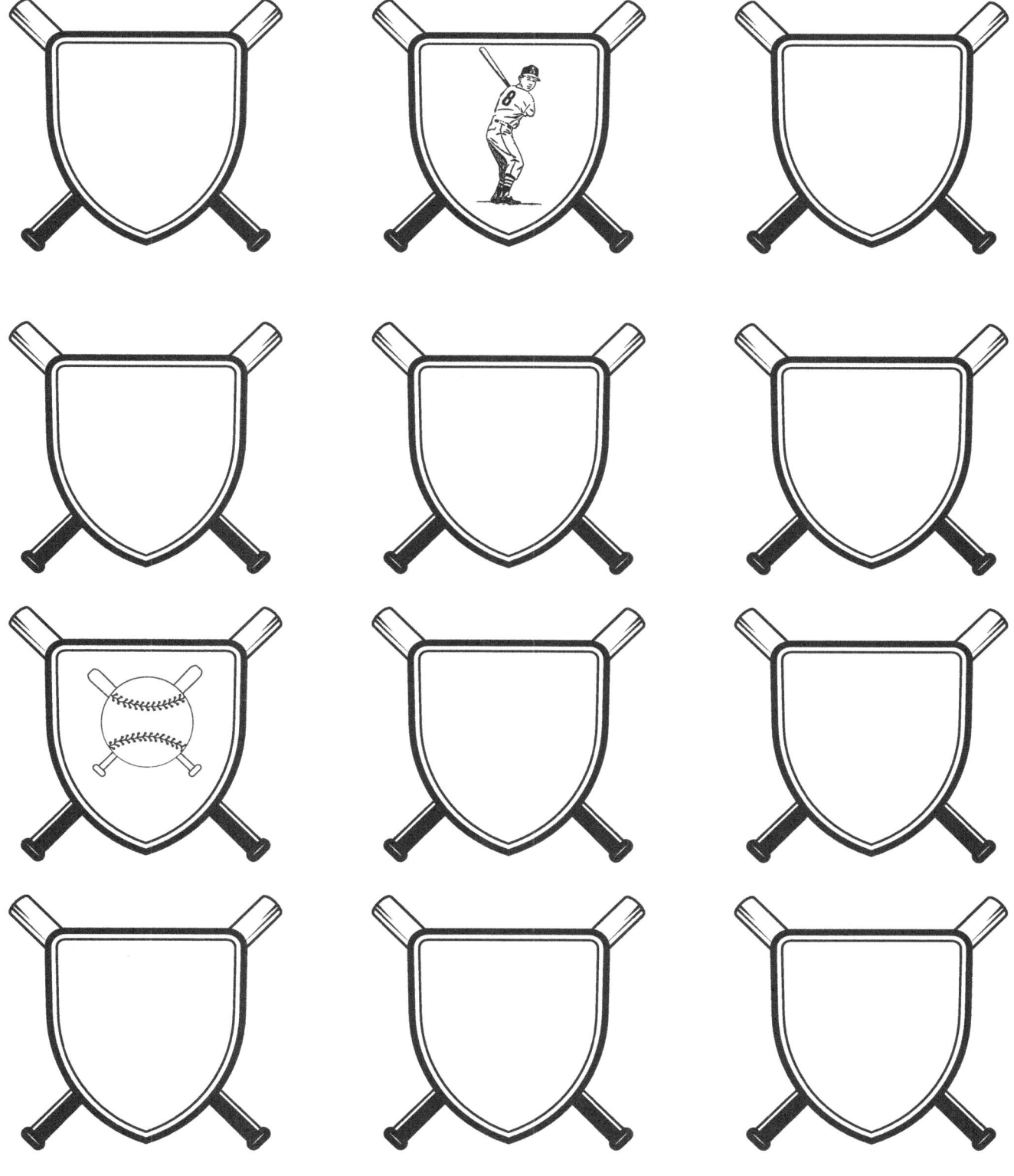

# Help the helmet through the maze.

| | | | | | | | |
|---|---|---|---|---|---|---|---|
| b | k | v | i | m | n | j | n |
| p | r | e | d | l | e | i | f |
| l | i | n | e | s | e | r | s |
| a | i | g | m | r | e | n | h |
| y | p | l | i | t | d | c | i |
| e | f | p | t | v | a | f | t |
| r | m | a | p | o | e | m | h |
| u | b | r | c | k | q | a | n |

Circle the words below

batter    coach    fielder    lines    player    umpire

# COUNT AND TRACE

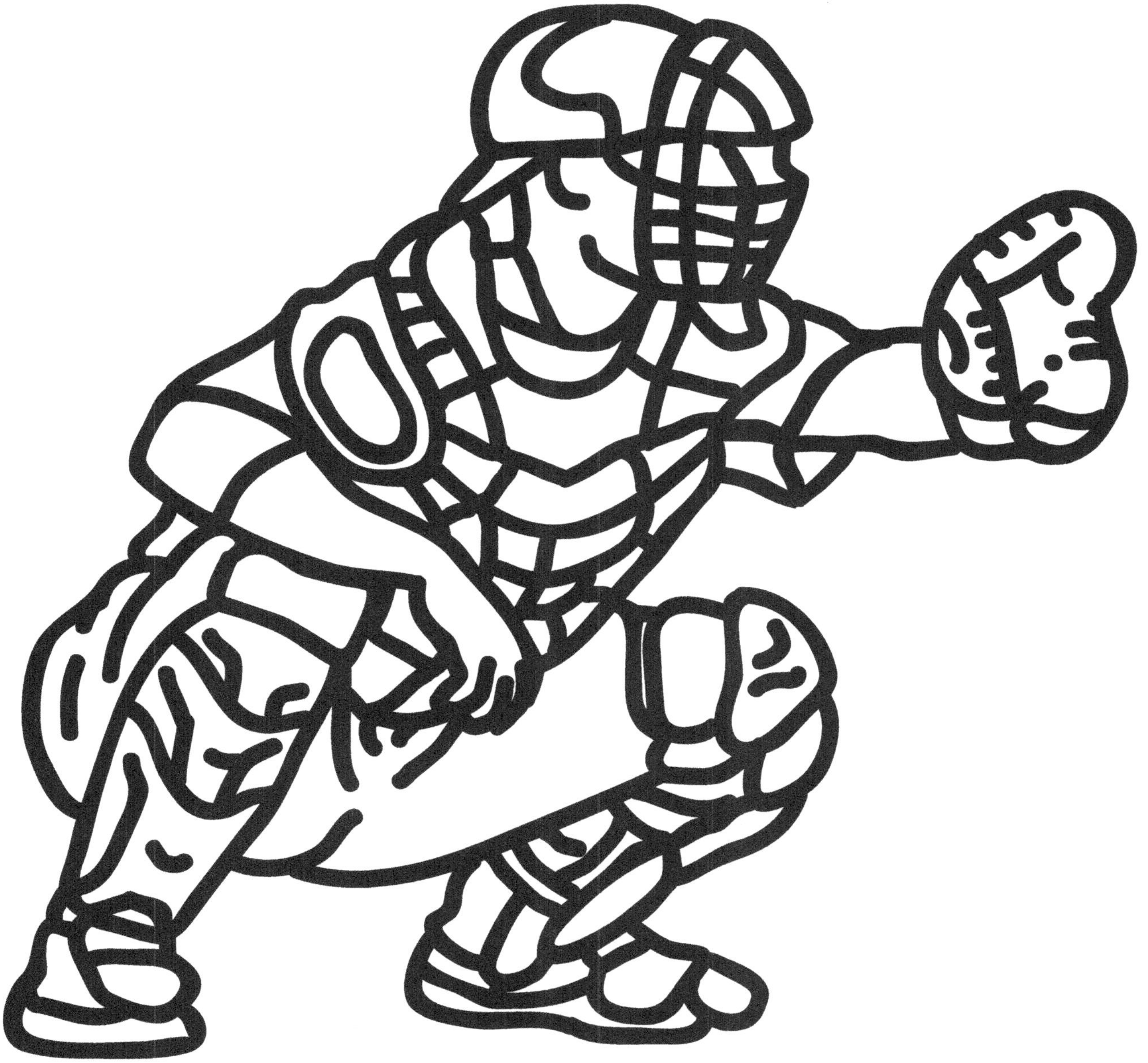

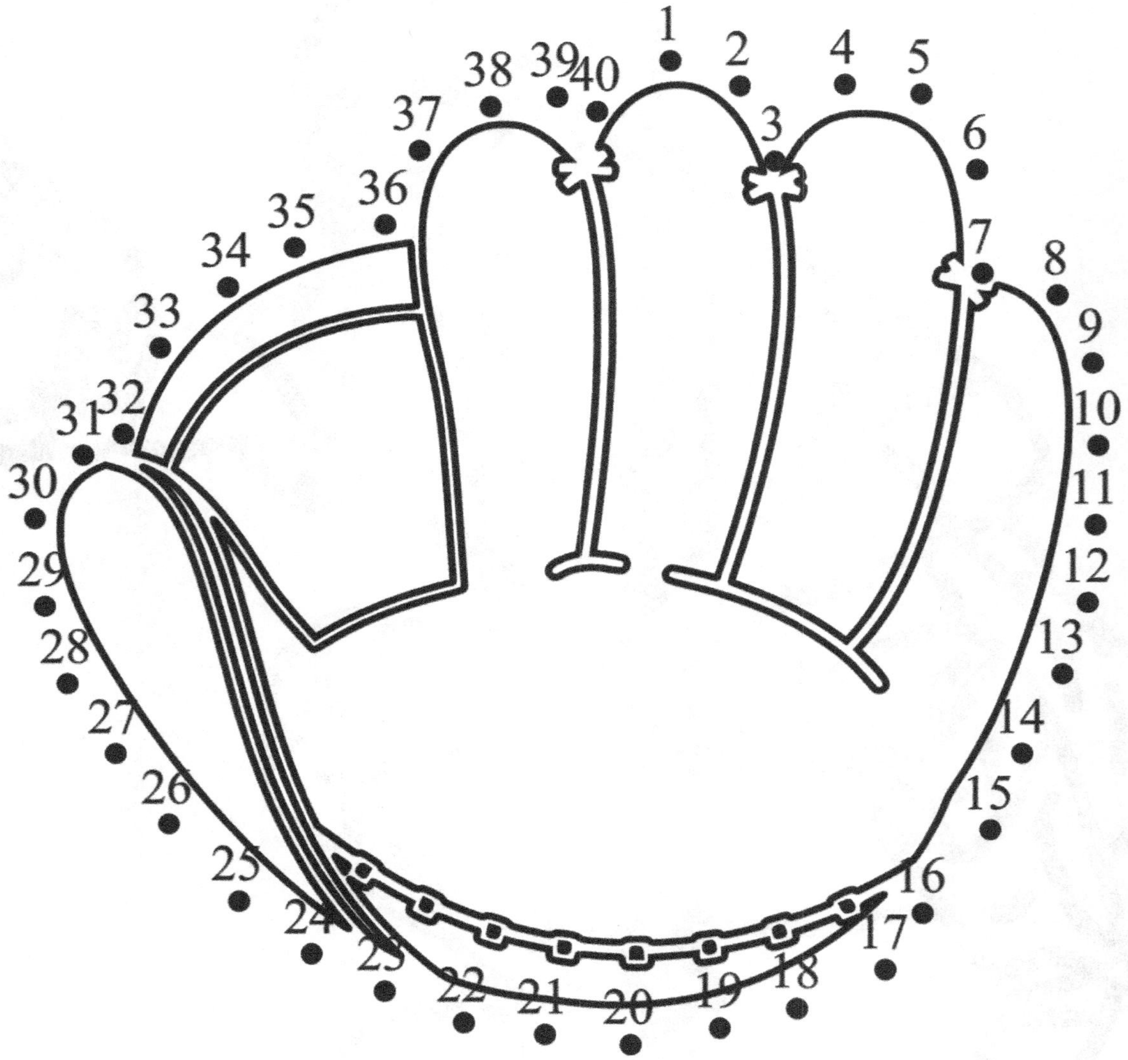
1
2
3
4
5
6
7
8
9
10
11
12
13
14
15
16
17
18
19
20
21
22
23
24
25
26
27
28
29
30
31
32
33
34
35
36
37
38
39
40

# COUNT AND TRACE

1

2

3

4

5

6

# Spot The Differences

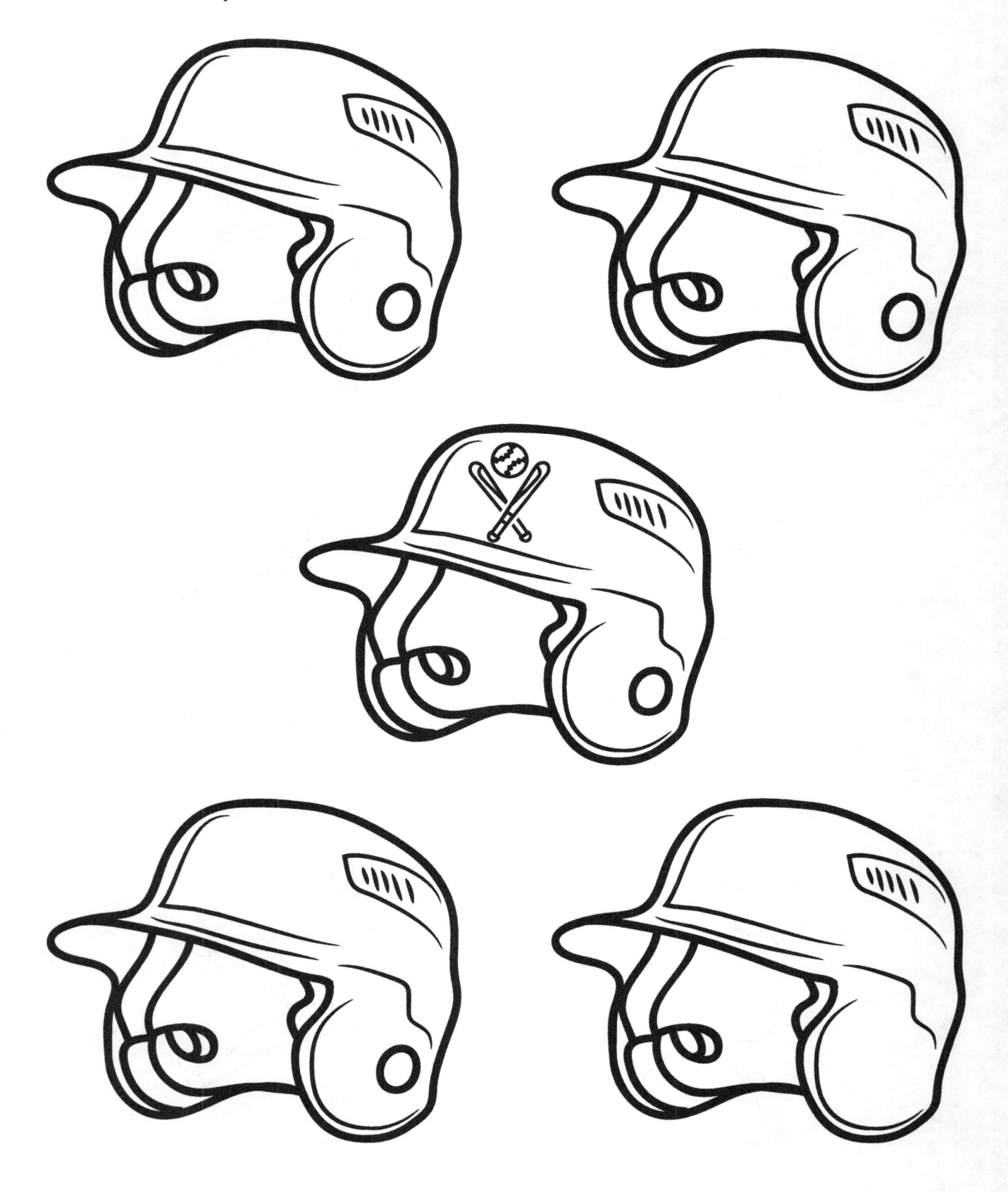

# Help the field through the maze.

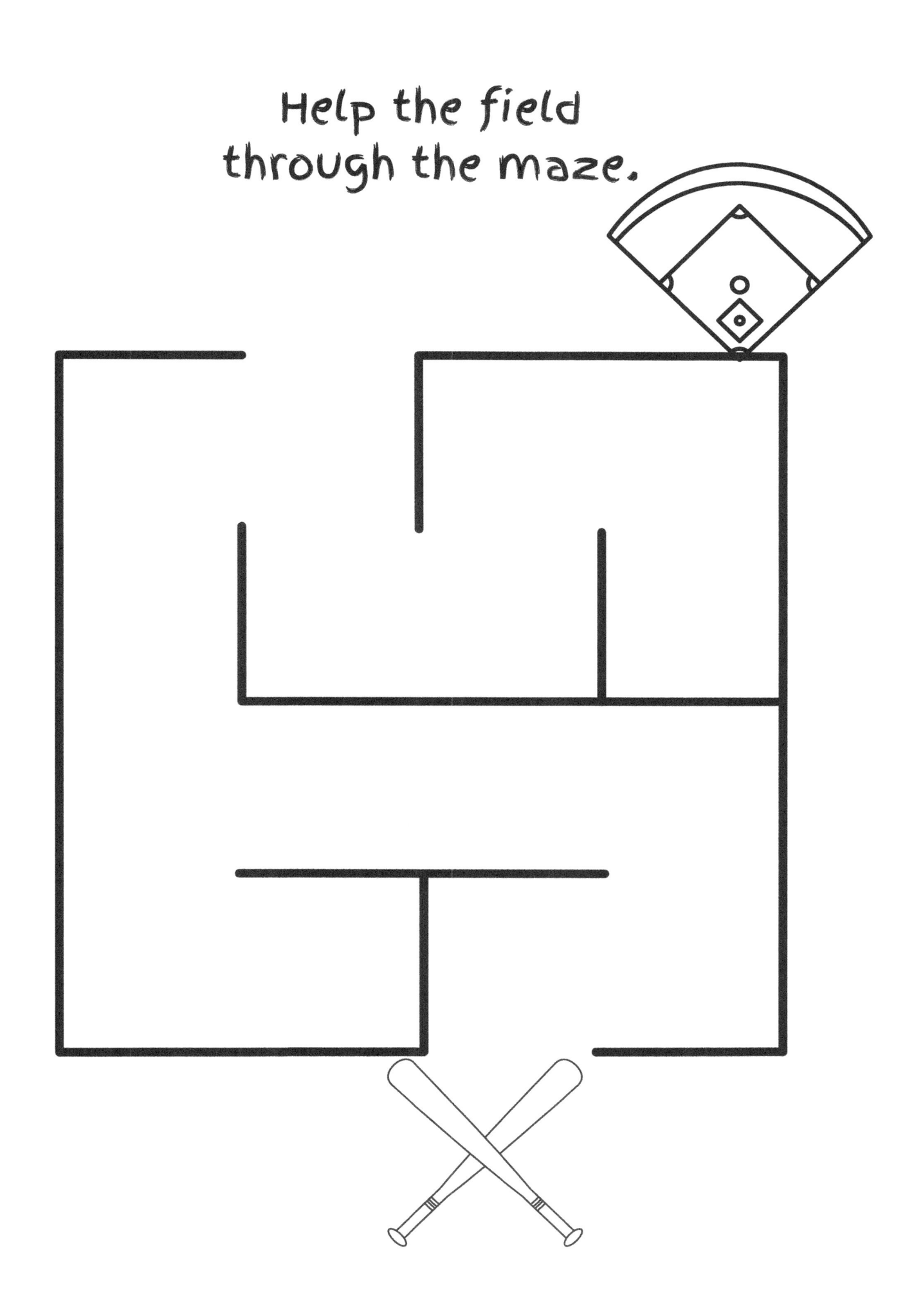

| | | | | | | | |
|---|---|---|---|---|---|---|---|
| g | m | e | o | w | q | s | e |
| r | m | i | t | t | k | e | o |
| i | h | a | l | u | g | o | n |
| k | e | l | t | s | i | h | w |
| b | w | m | g | s | a | c | g |
| t | a | w | w | n | j | t | g |
| v | l | s | e | a | o | a | l |
| j | k | i | e | f | p | c | a |

Circle the words below

base    catch    fans    mitt    walk    whistle

# COUNT AND TRACE

# 16

16 16 16 16 16

16 16 16 16 16

16 16 16 16 16

16 16 16 16 16

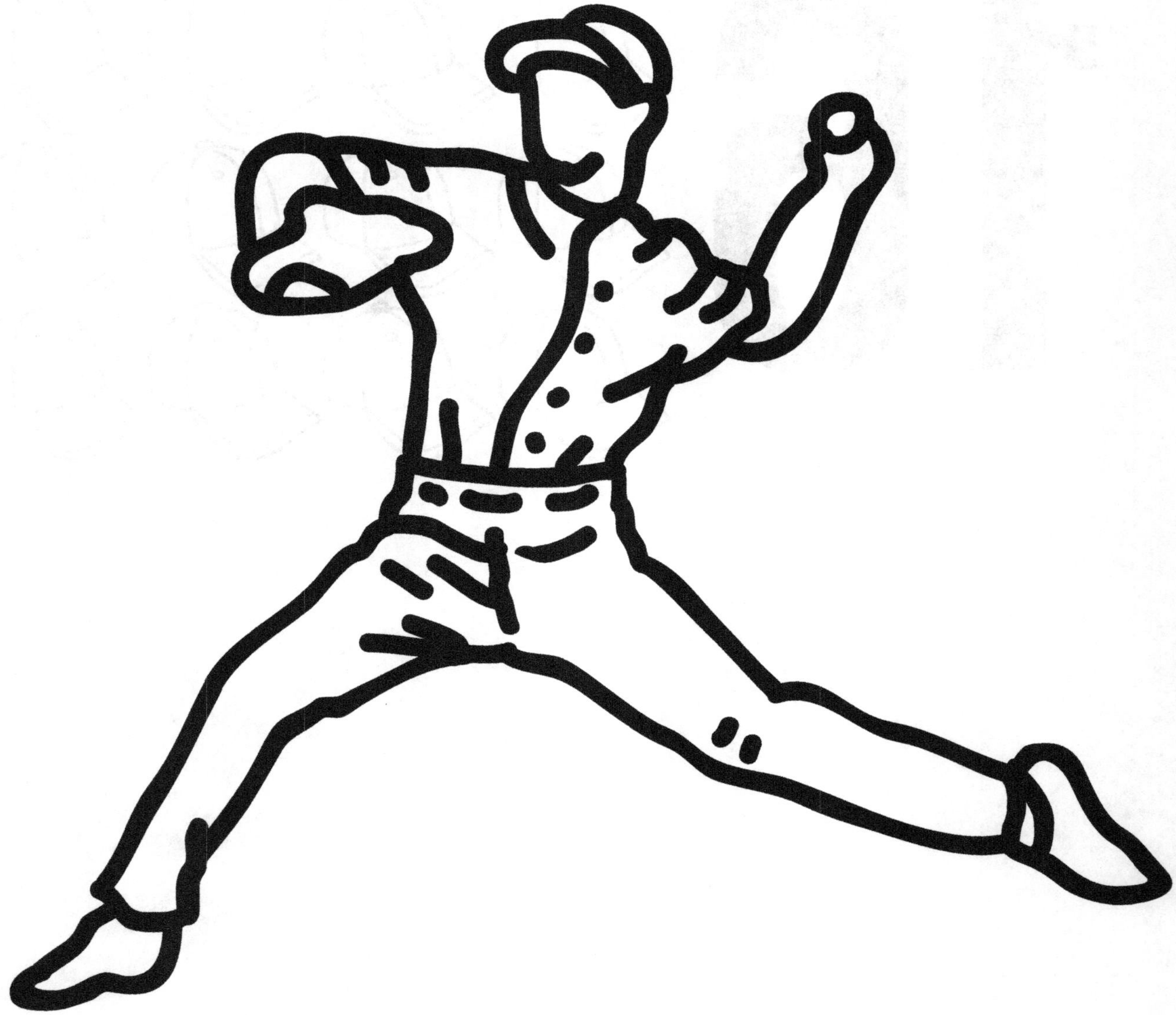

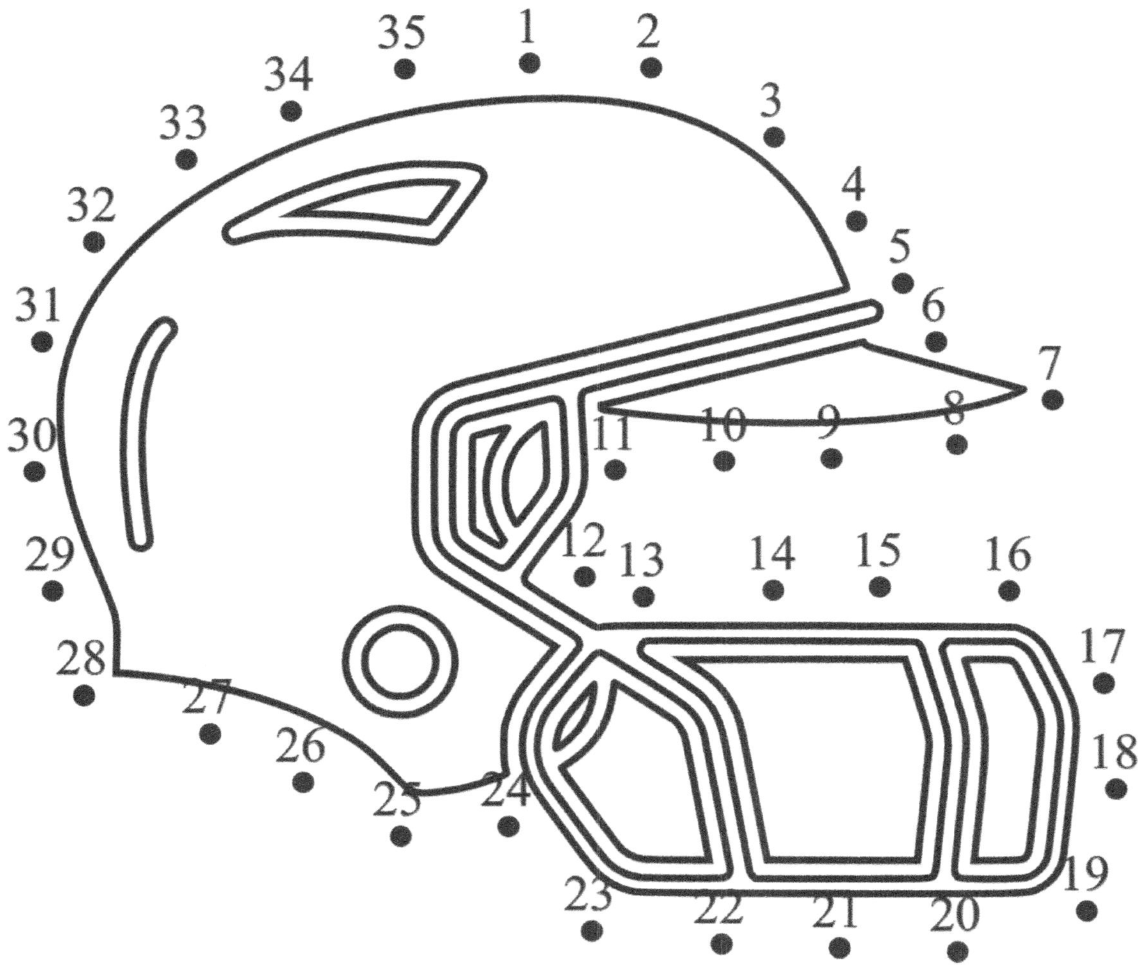
35
1
2
34
3
33
32
4
5
31
6
7
30
11
10
9
8
29
12
13
14
15
16
28
17
27
26
18
25
24
19
23
22
21
20

# COUNT AND TRACE

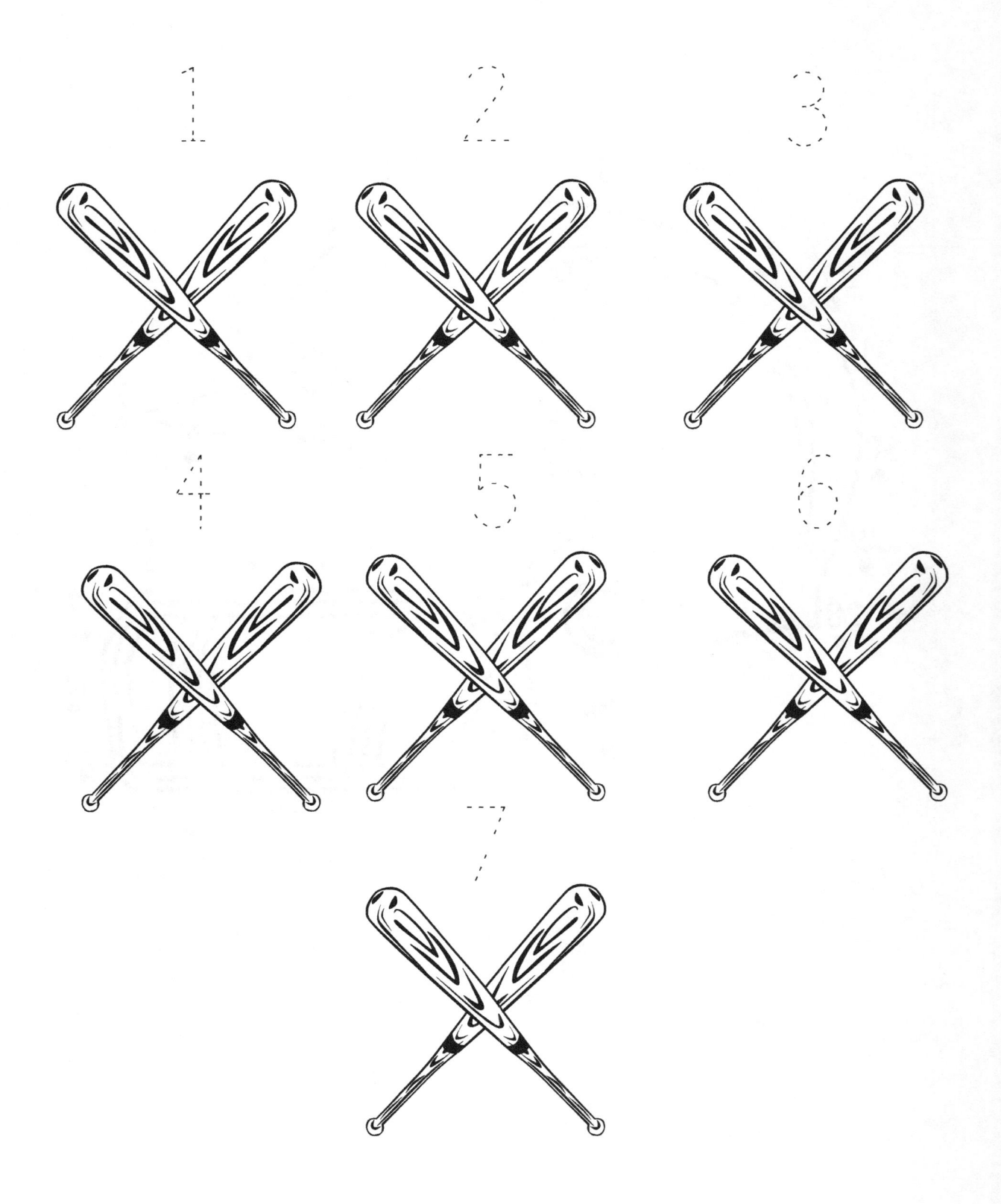

1       2       3

4       5       6

7

# Spot The Differences

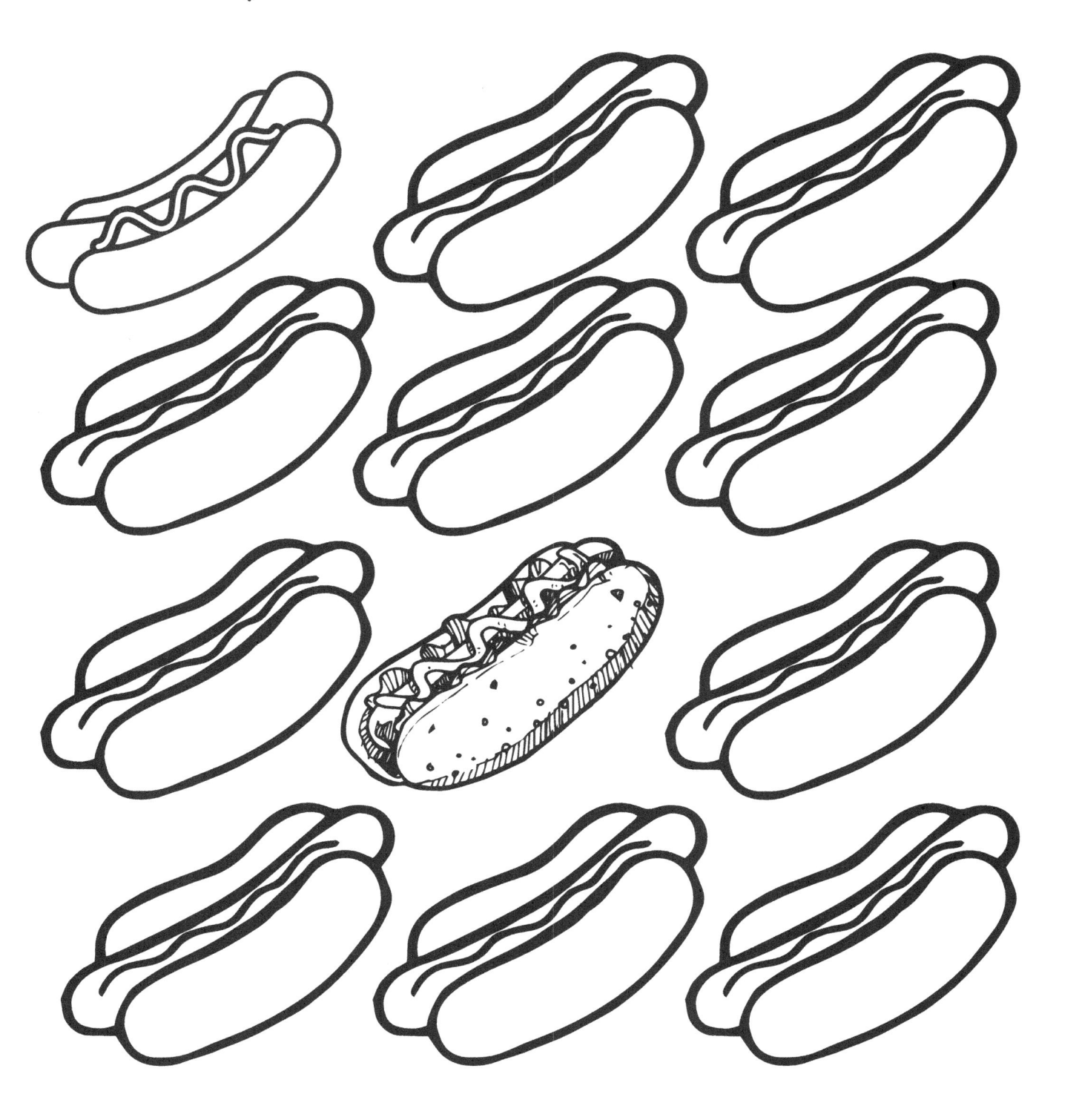

# Help the mitt through the maze.

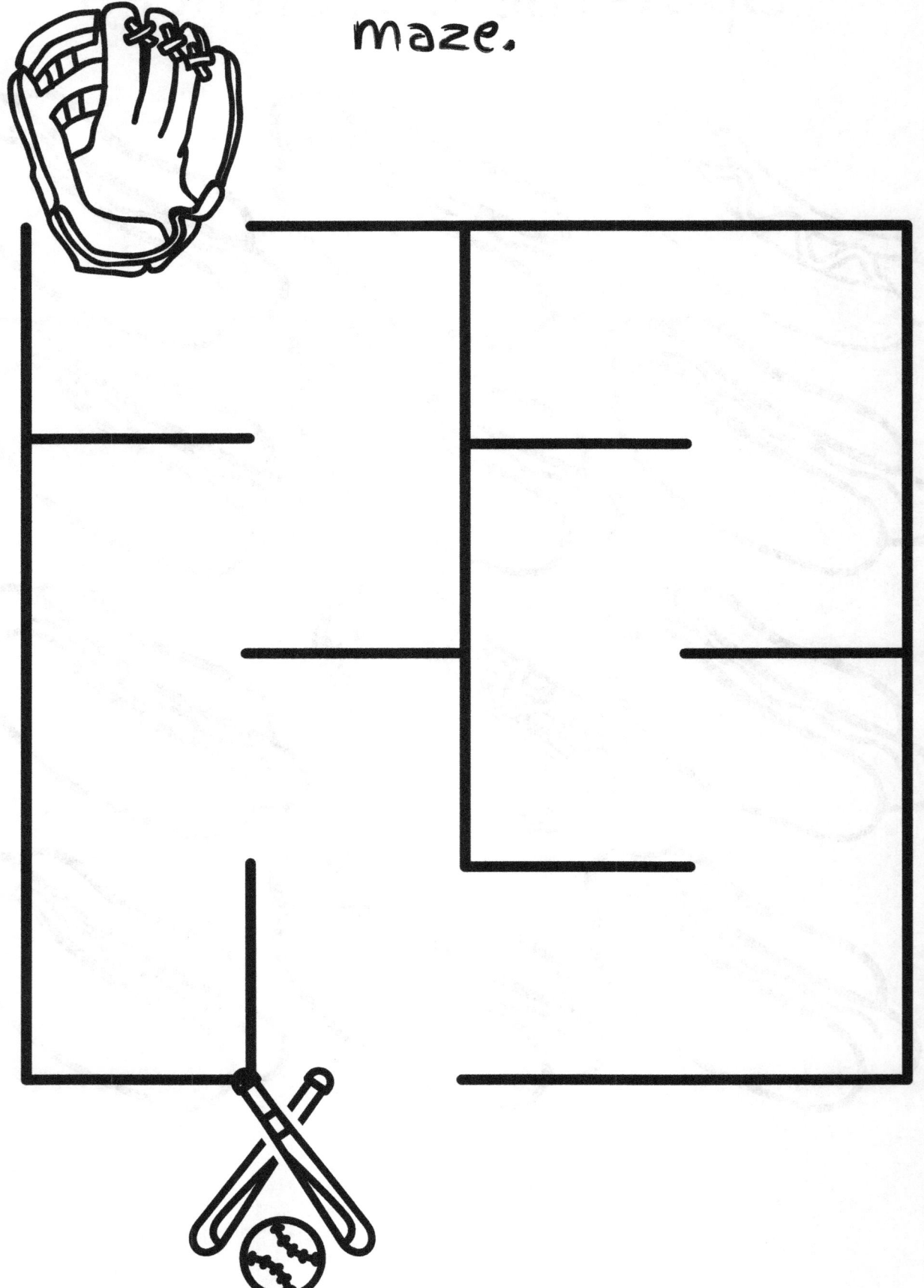

| | | | | | | | |
|---|---|---|---|---|---|---|---|
| m | k | p | a | n | t | s | p |
| d | g | y | r | p | o | t | b |
| h | n | v | e | m | w | u | l |
| j | i | o | h | m | y | t | t |
| m | n | t | c | d | x | m | y |
| i | n | n | t | e | p | t | l |
| c | i | v | a | e | s | f | a |
| c | v | r | c | w | r | y | u |

Circle the words below

catcher   hitter   inning   out   pants   second

# COUNT AND TRACE

**17**

17 17 17 17 17

17 17 17 17 17

17 17 17 17 17

17 17 17 17 17

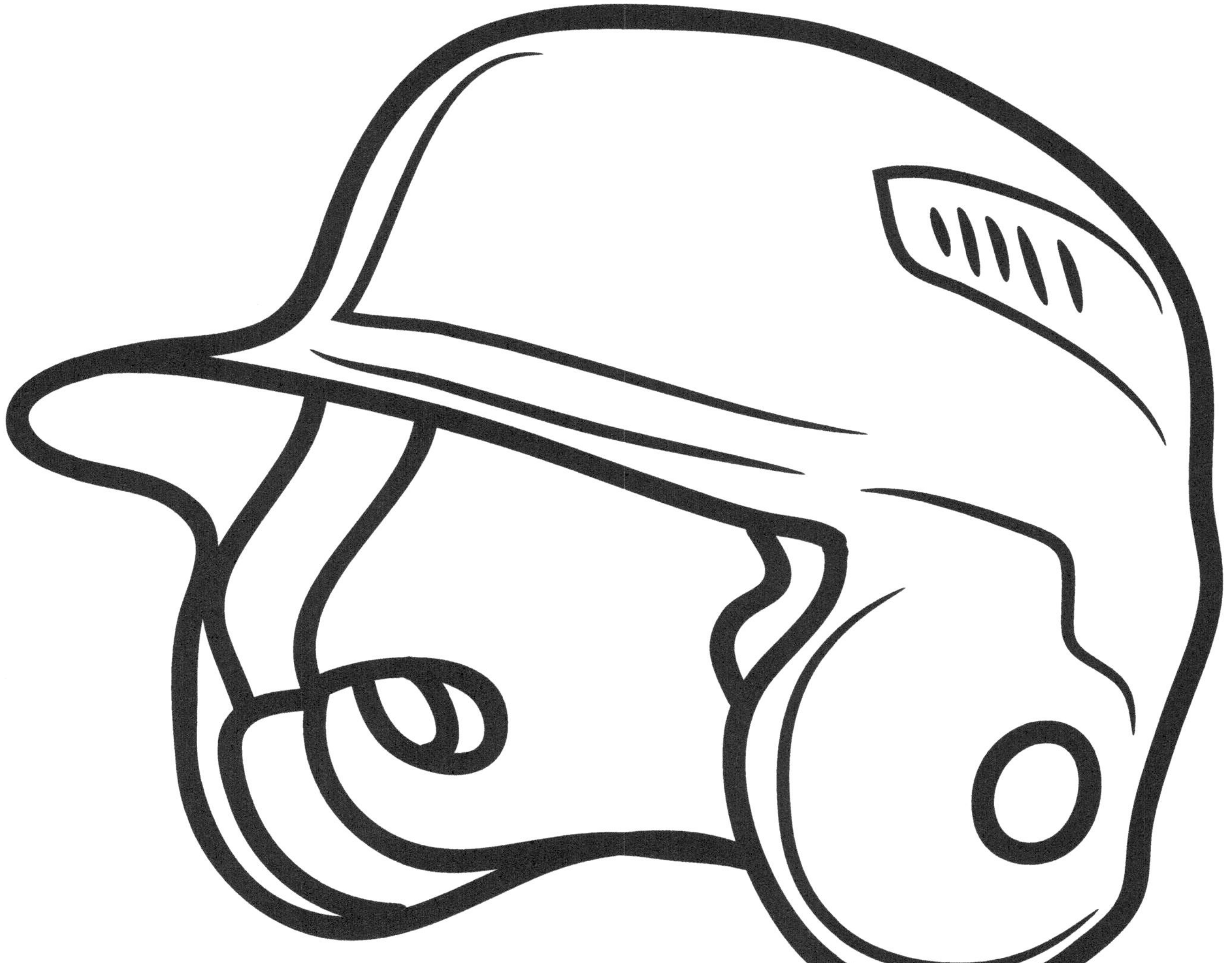

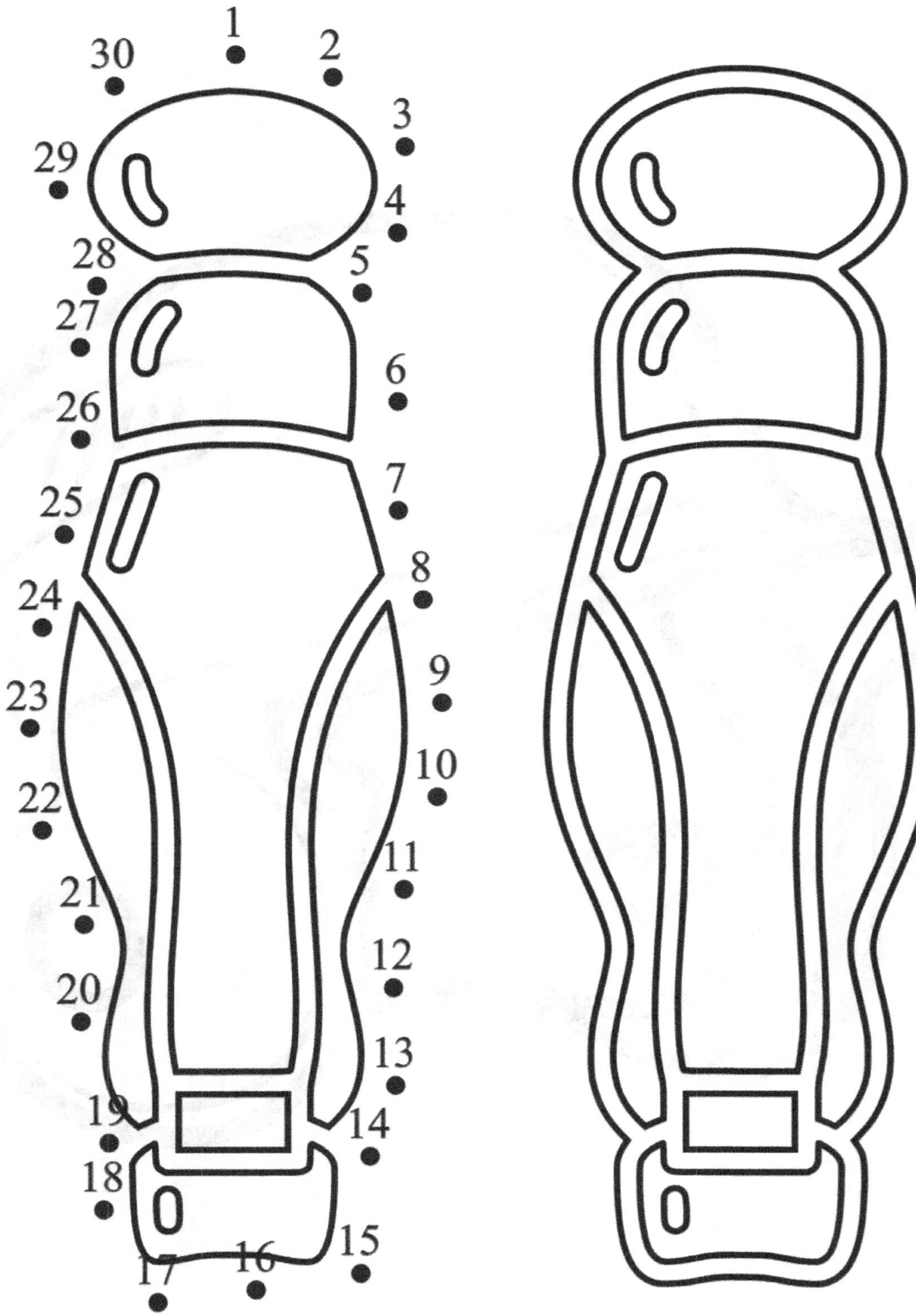
1
2
3
4
5
6
7
8
9
10
11
12
13
14
15
16
17
18
19
20
21
22
23
24
25
26
27
28
29
30

# COUNT AND TRACE

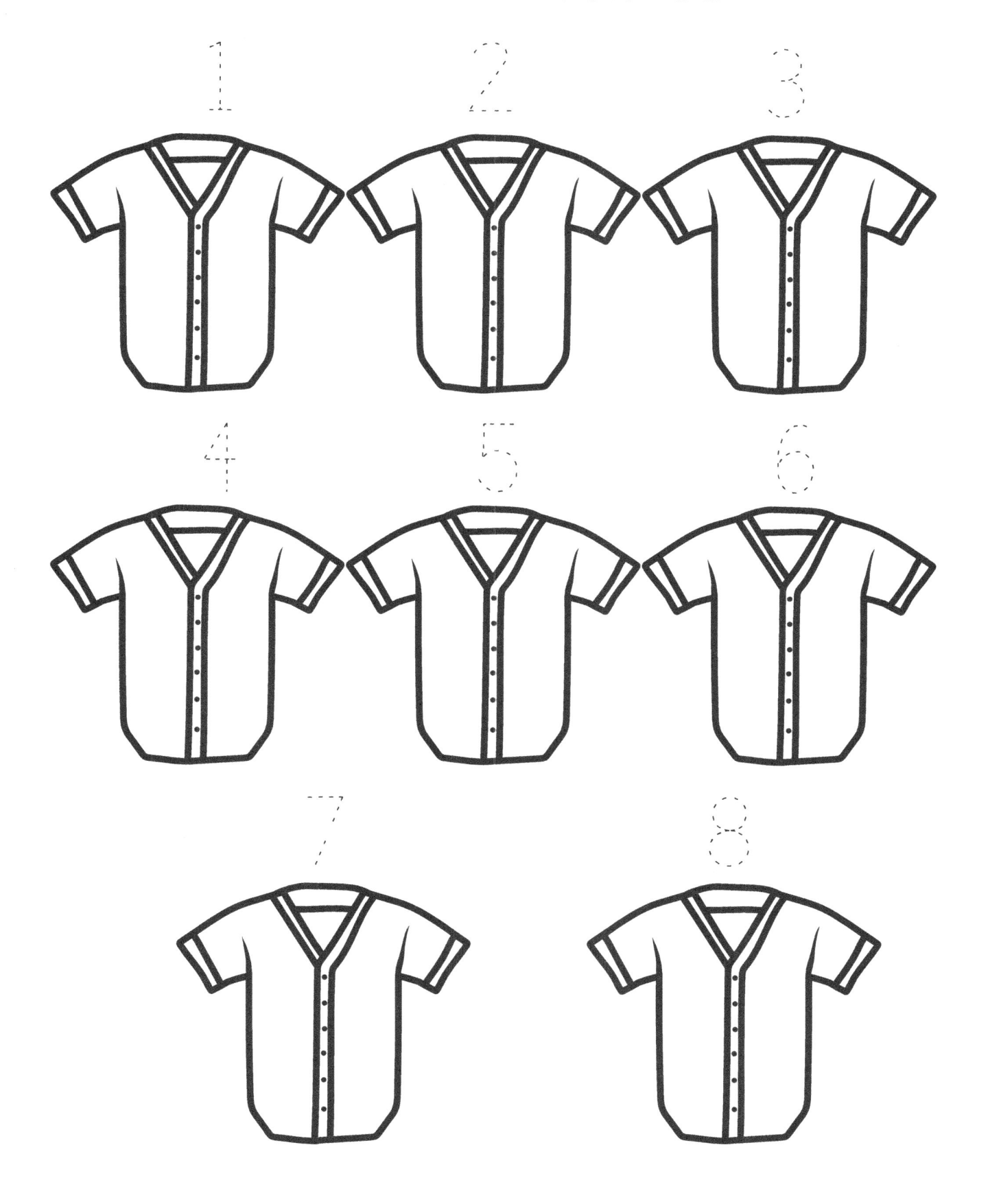

1 2 3

4 5 6

7 8

# Spot The Differences

# Help the player through the maze.

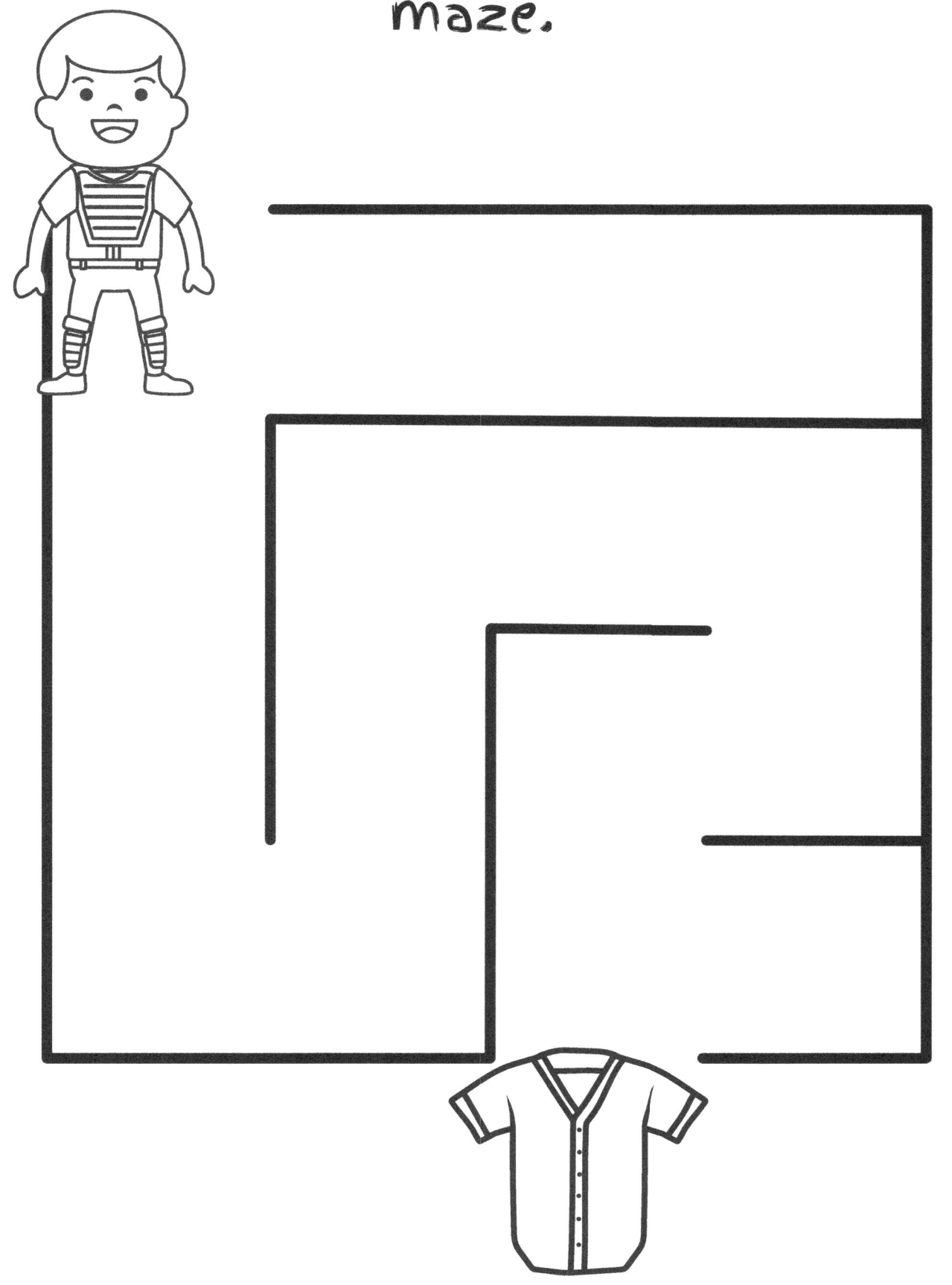

| e | w | h | g | f | e | s | f |
|---|---|---|---|---|---|---|---|
| h | w | z | h | d | n | l | y |
| s | q | s | i | a | x | s | p |
| k | h | l | c | o | d | i | h |
| n | s | k | f | a | l | l | q |
| i | s | o | k | s | g | e | l |
| r | k | w | g | m | g | z | e |
| d | d | i | j | u | m | p | r |

Circle the words below

drinks    fall    jump    slide    slip    snacks

# COUNT AND TRACE

**18**

18 18 18 18 18

18 18 18 18 18

18 18 18 18 18

18 18 18 18 18

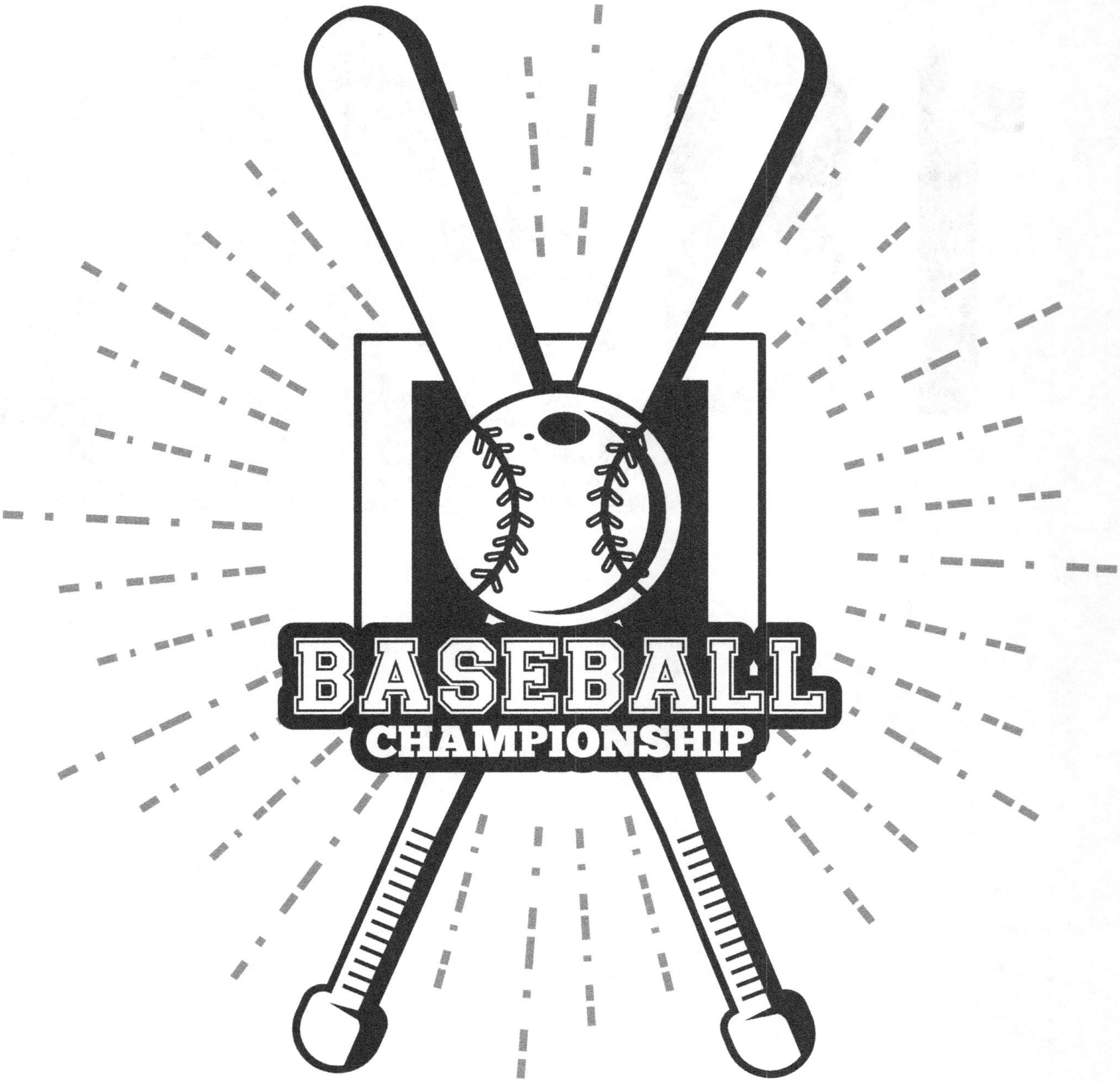
BASEBALL
CHAMPIONSHIP

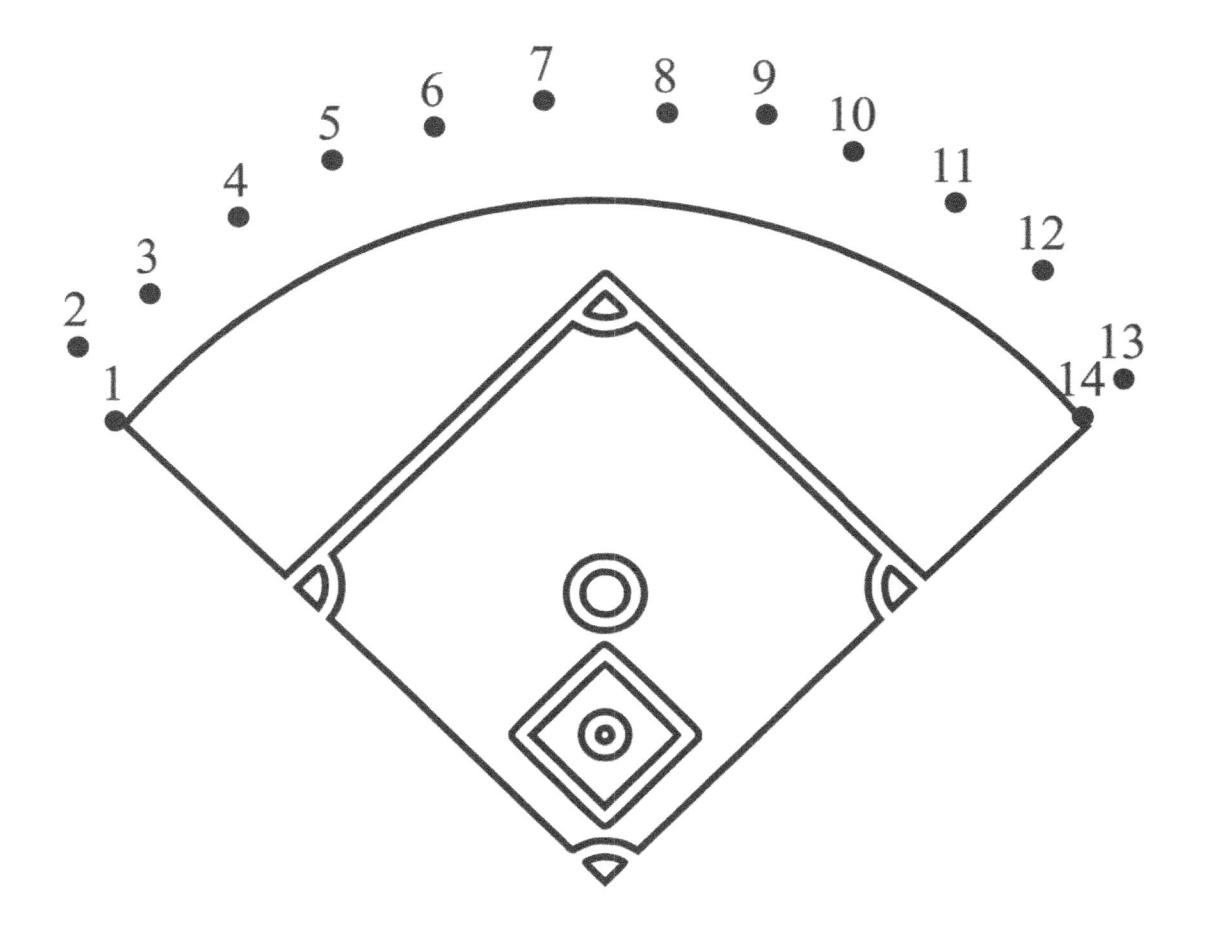

# COUNT AND TRACE

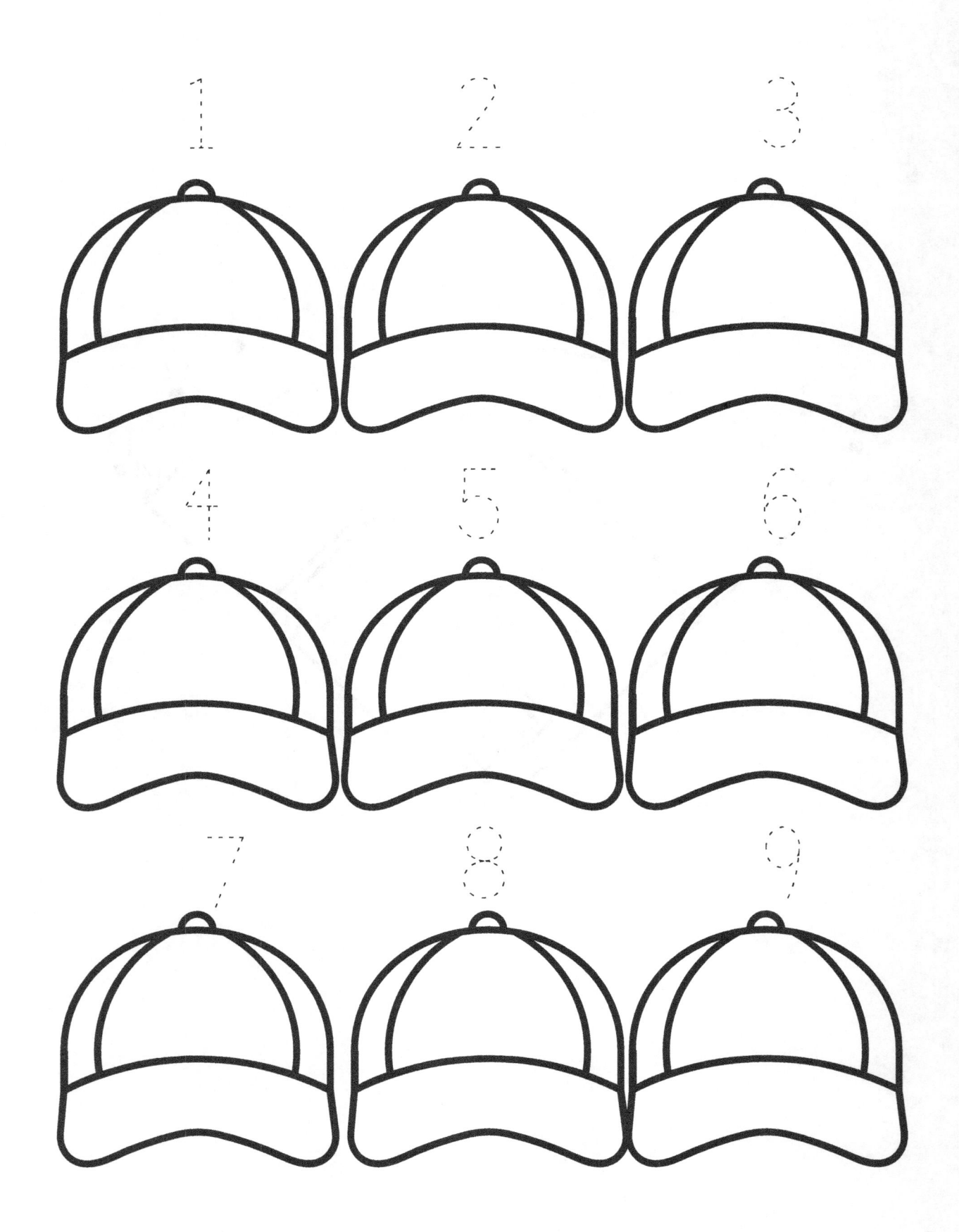

1  2  3

4  5  6

7  8  9

# Spot The Differences

# Help the umpire through the maze.

| | | | | | | | |
|---|---|---|---|---|---|---|---|
| t | h | i | r | d | h | x | b |
| v | g | k | i | l | c | j | e |
| r | v | e | n | o | a | w | e |
| z | m | m | f | o | c | s | n |
| p | b | d | i | k | o | h | e |
| s | q | g | e | o | b | v | e |
| p | q | h | l | e | h | q | s |
| w | i | n | d | e | w | q | i |

Circle the words below

infield   look   loose   see   third   win

# COUNT AND TRACE

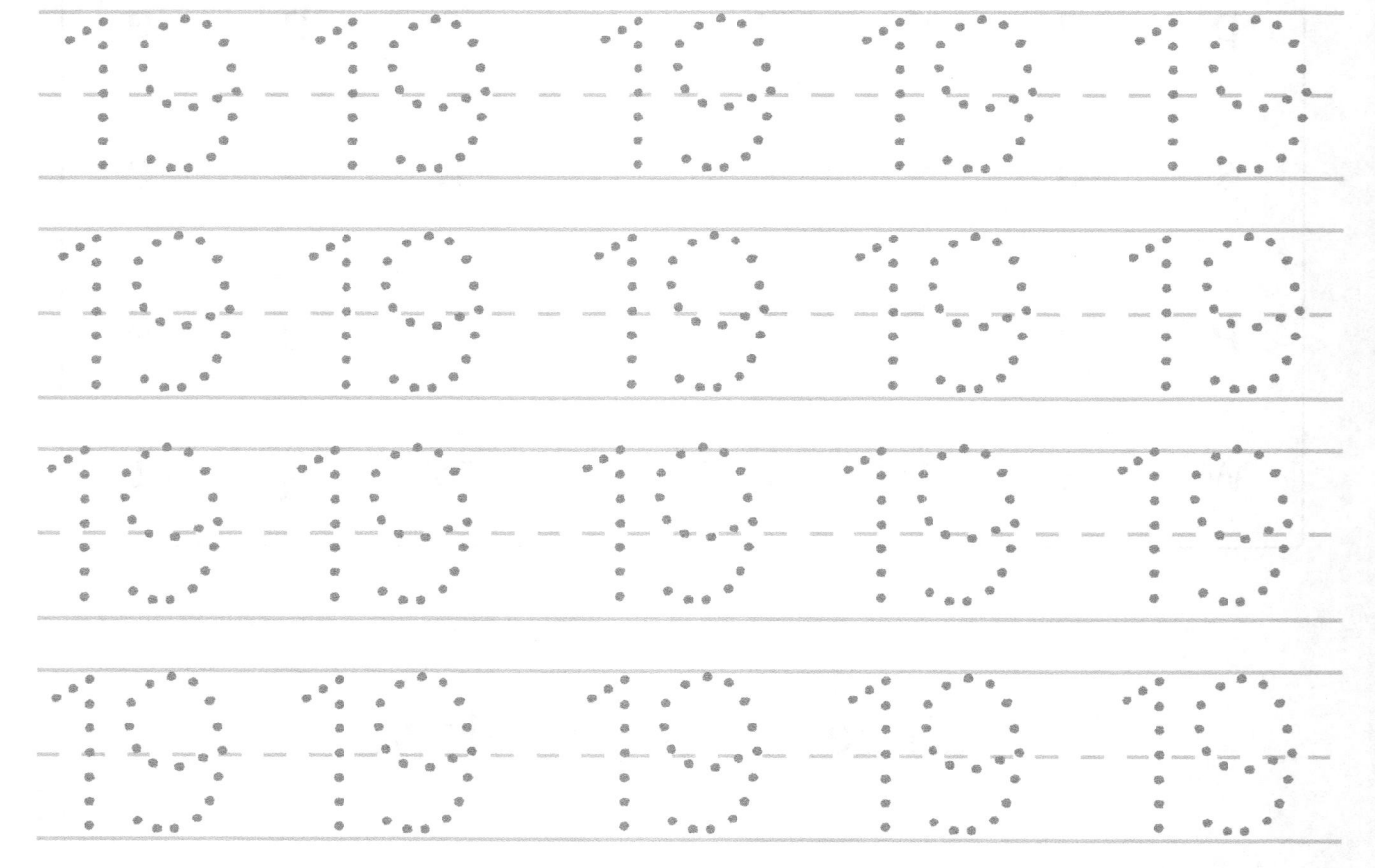

## 19

19 19 19 19 19 19

19 19 19 19 19 19

19 19 19 19 19 19

19 19 19 19 19 19

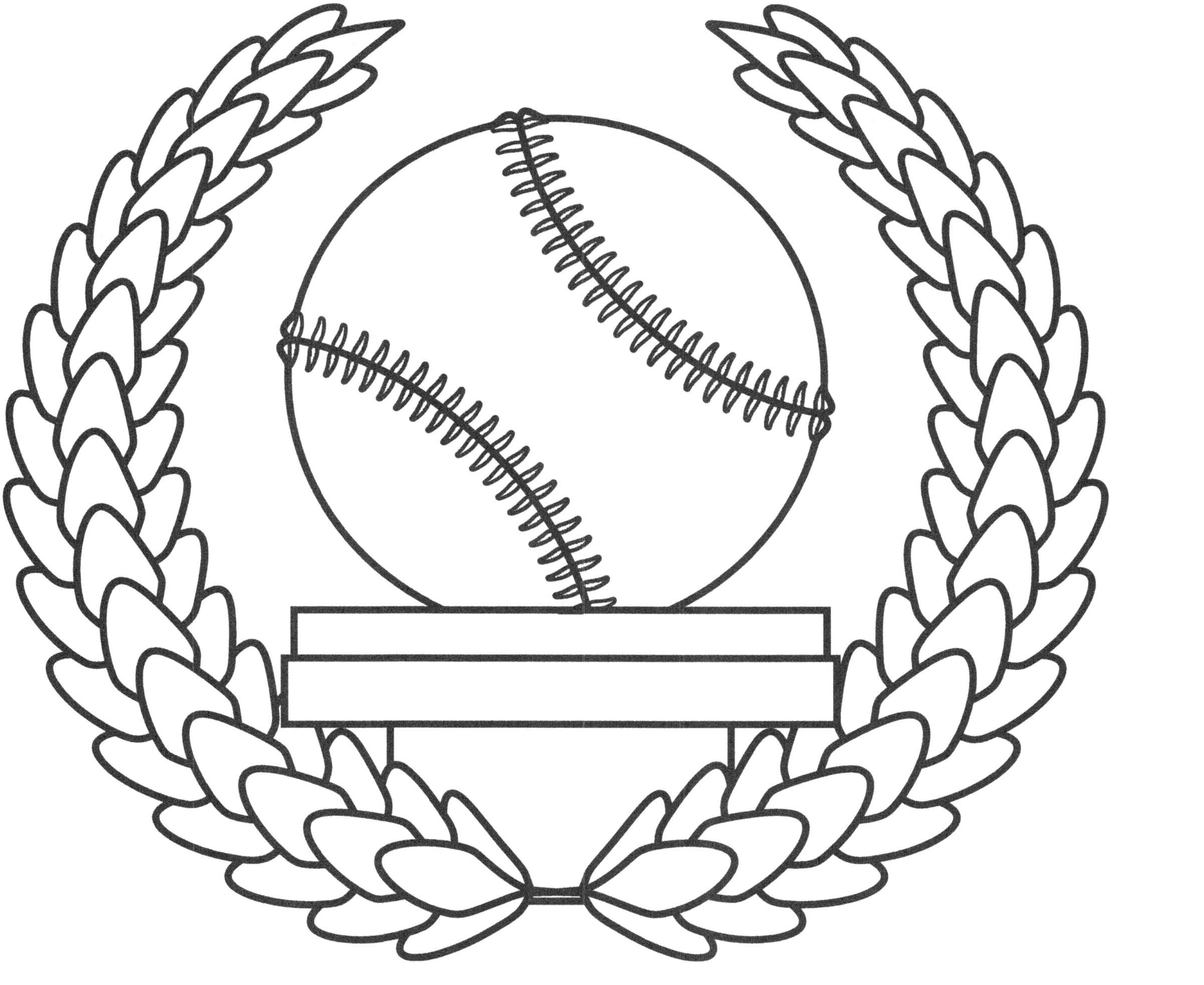

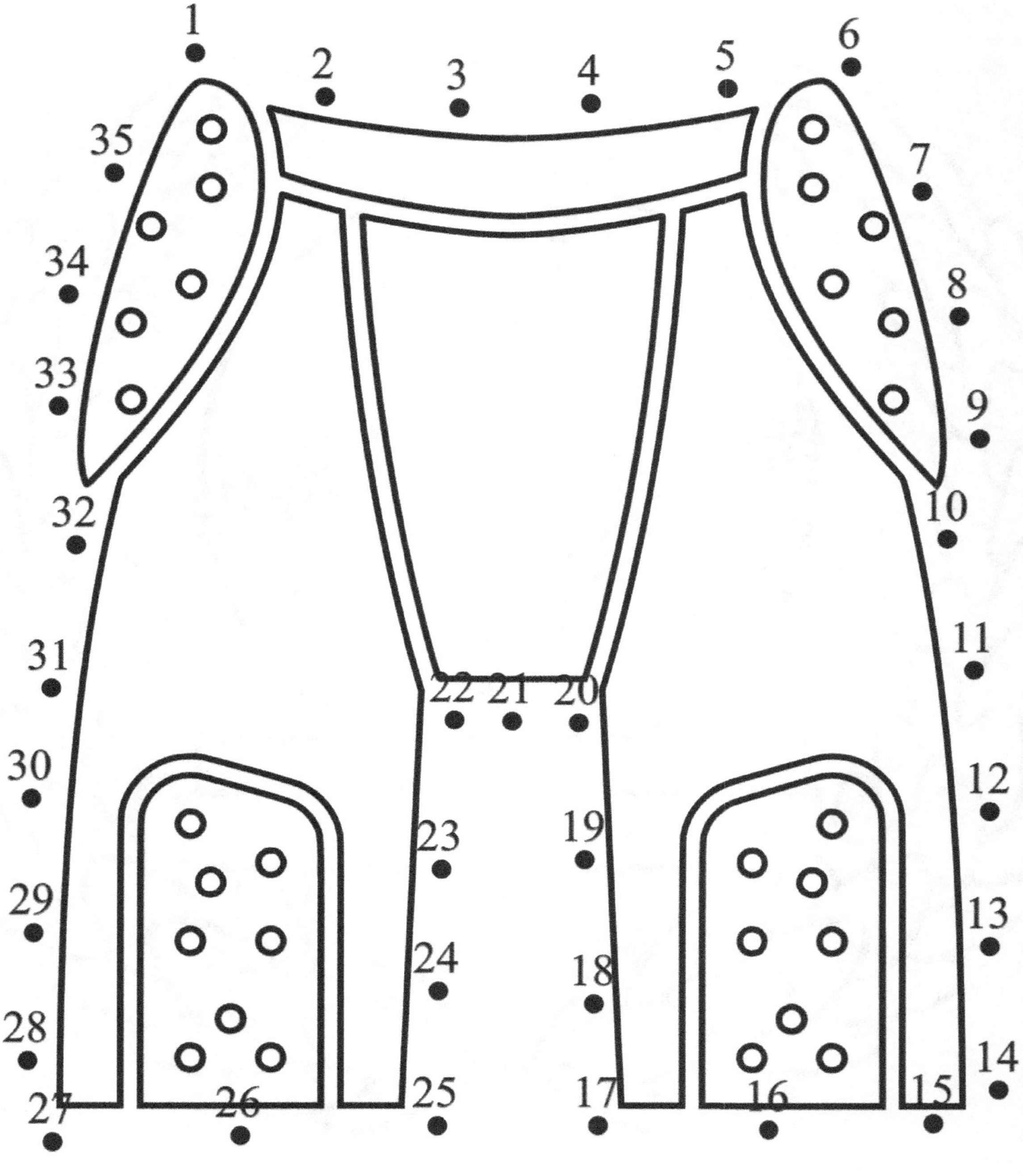
1
2
3
4
5
6
7
8
9
10
11
12
13
14
15
16
17
18
19
20
21
22
23
24
25
26
27
28
29
30
31
32
33
34
35

# COUNT AND TRACE

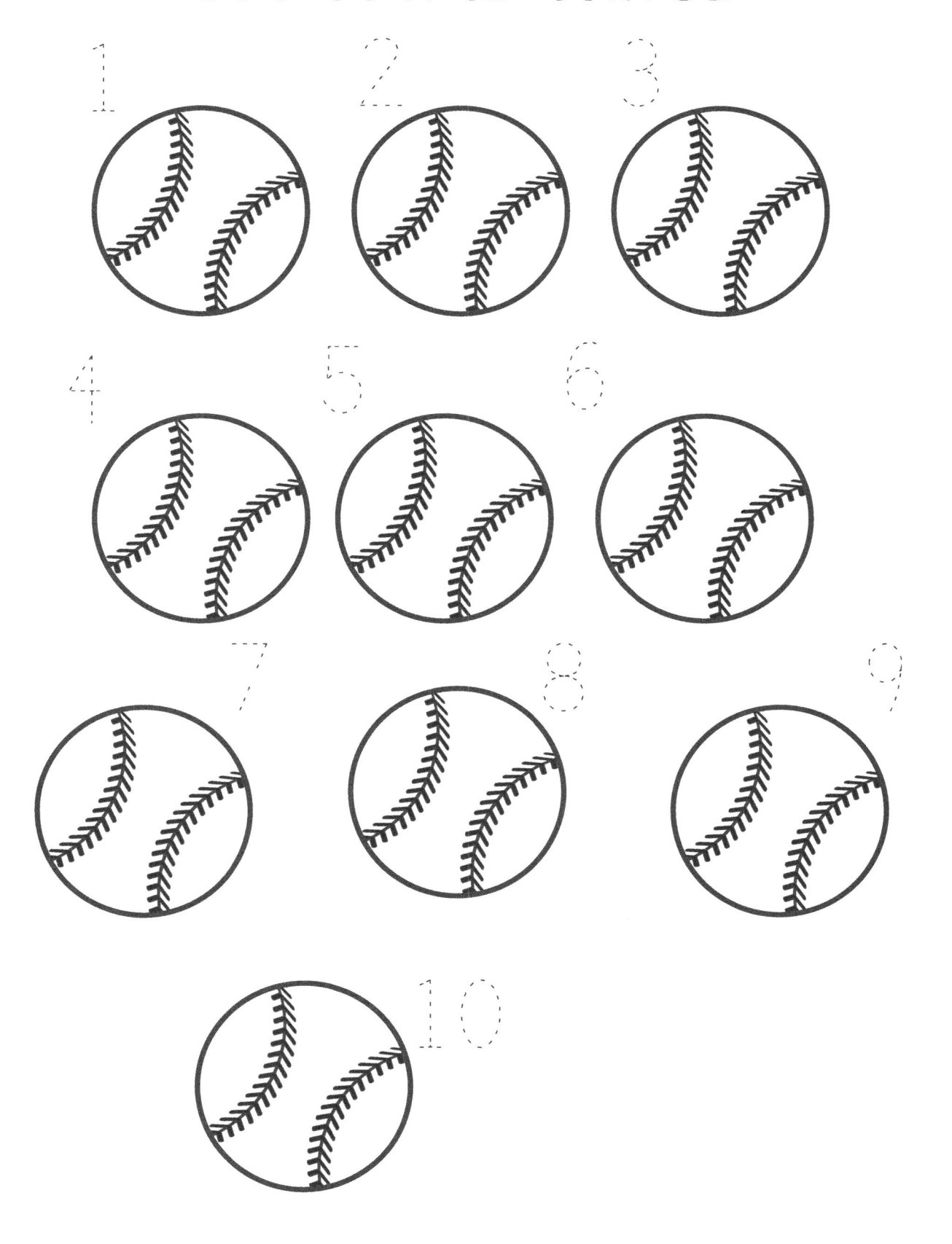

1  2  3

4  5  6

7  8  9

10

# Spot The Differences

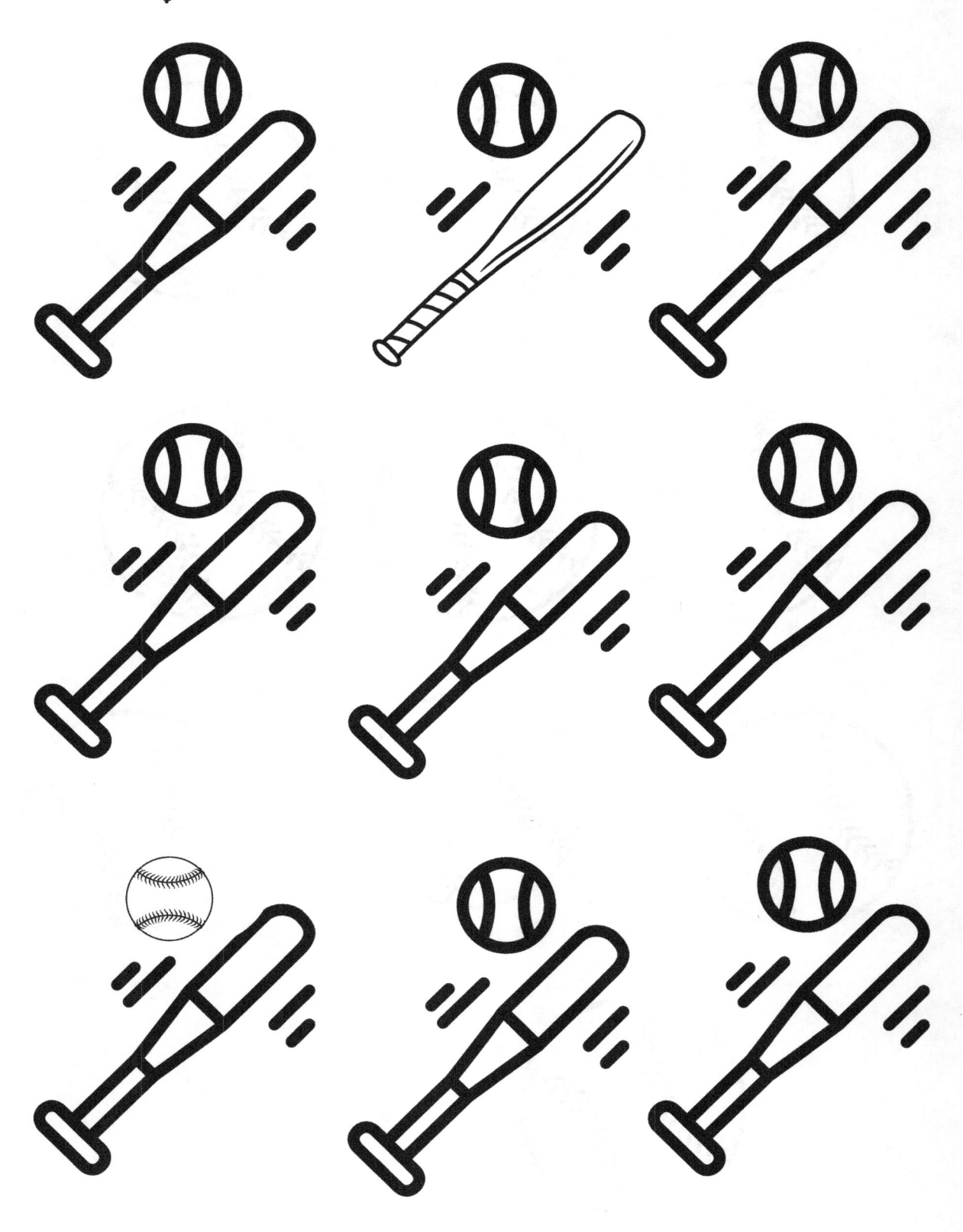

# Help the pitcher through the maze.

| o | e | f | o | u | l | x | f |
|---|---|---|---|---|---|---|---|
| a | c | a | p | t | g | c | z |
| l | g | c | s | g | i | z | e |
| s | t | a | d | i | u | m | v |
| t | f | z | e | t | w | j | r |
| r | x | z | q | n | x | o | u |
| t | d | r | z | w | l | o | c |
| s | p | o | r | t | j | k | x |

Circle the words below

cap    curve    fast    foul    sport    stadium

# COUNT AND TRACE

## 20

20 20 20 20
20 20 20 20
20 20 20 20
20 20 20 20

Help the baseball through the maze.

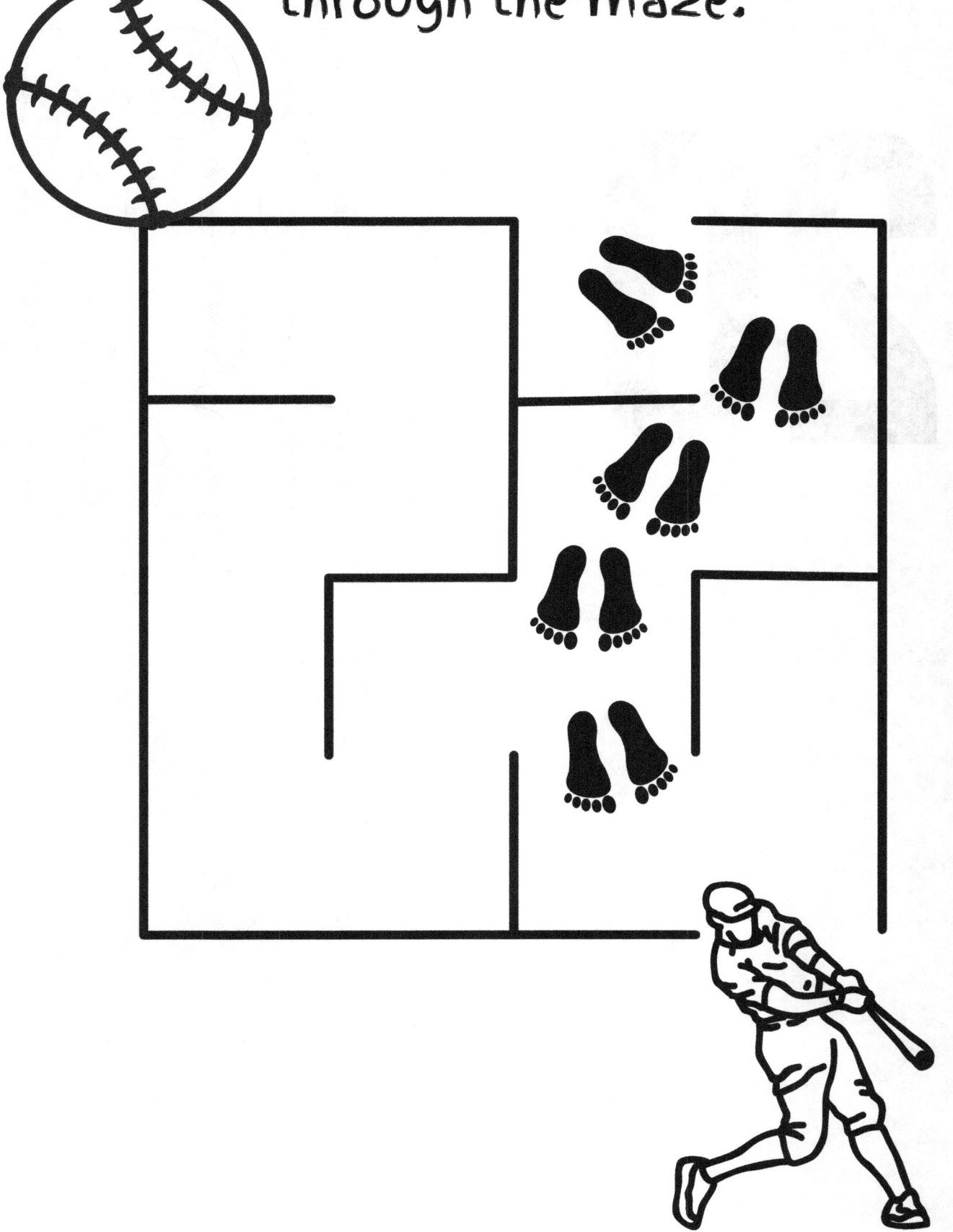

Help the catcher through the maze.

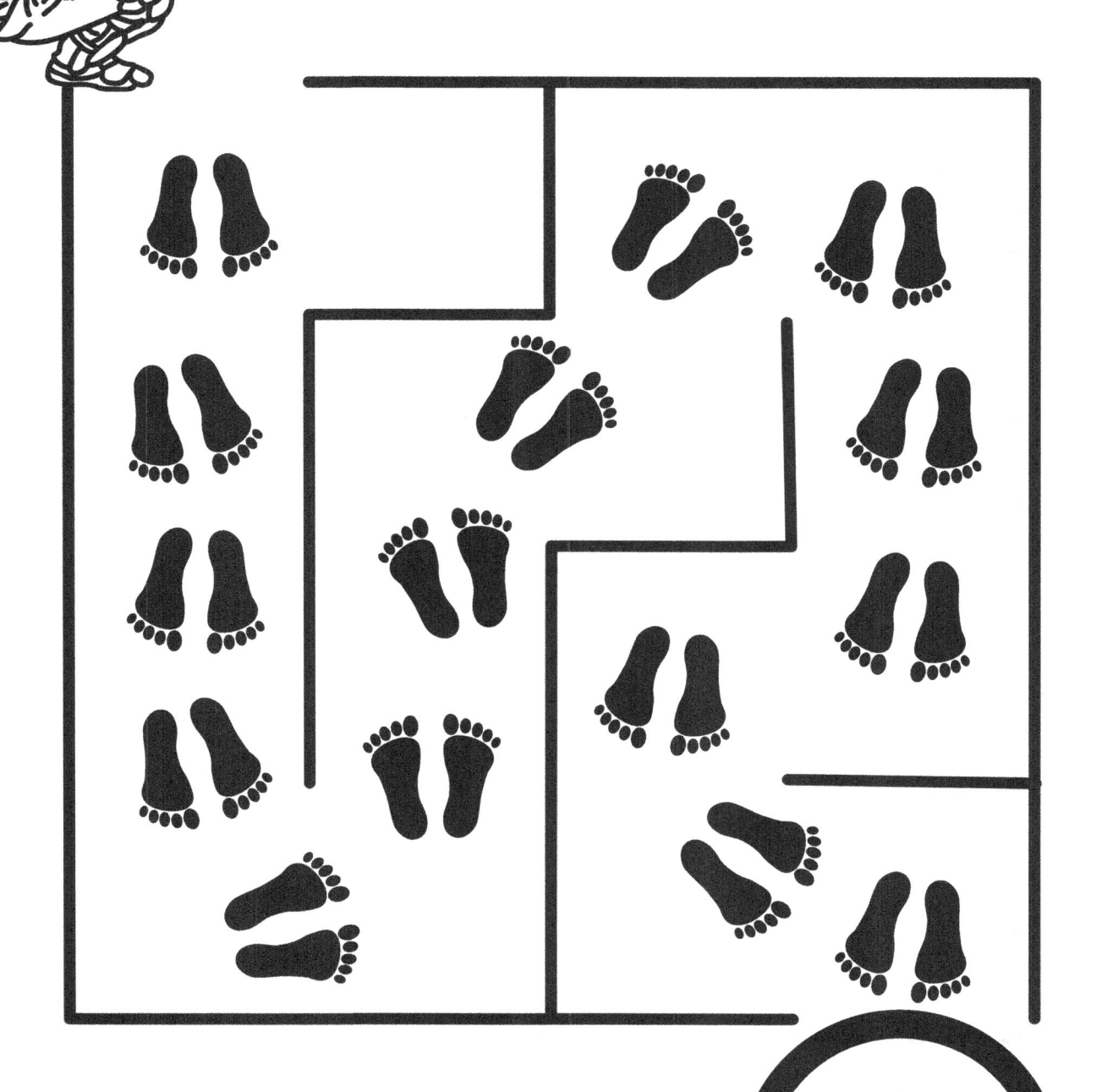

# Help the bat through the maze.

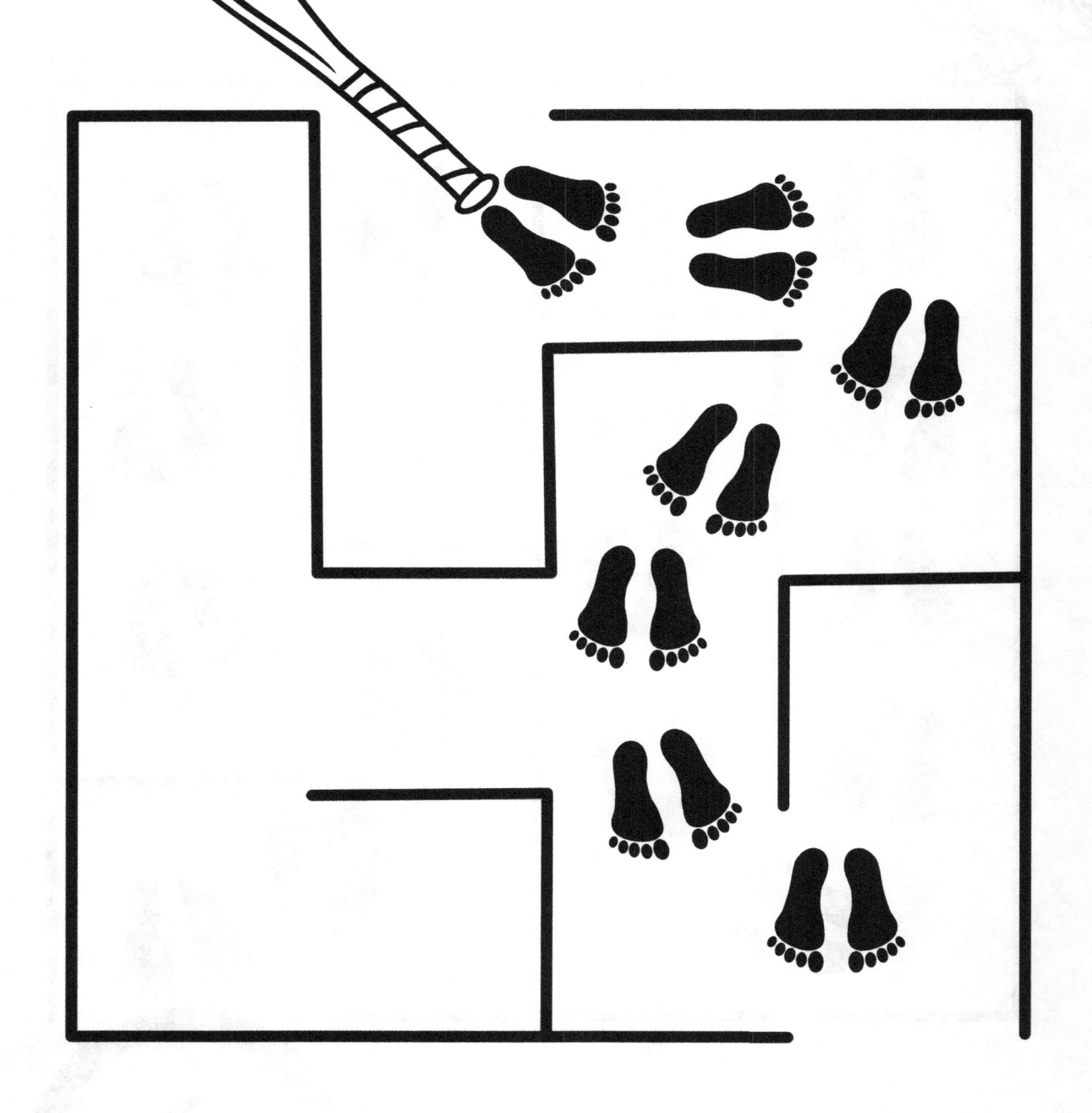

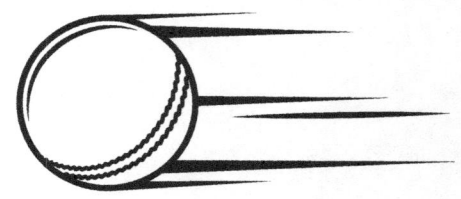

# Help the glove through the maze.

# Help the helmet through the maze.

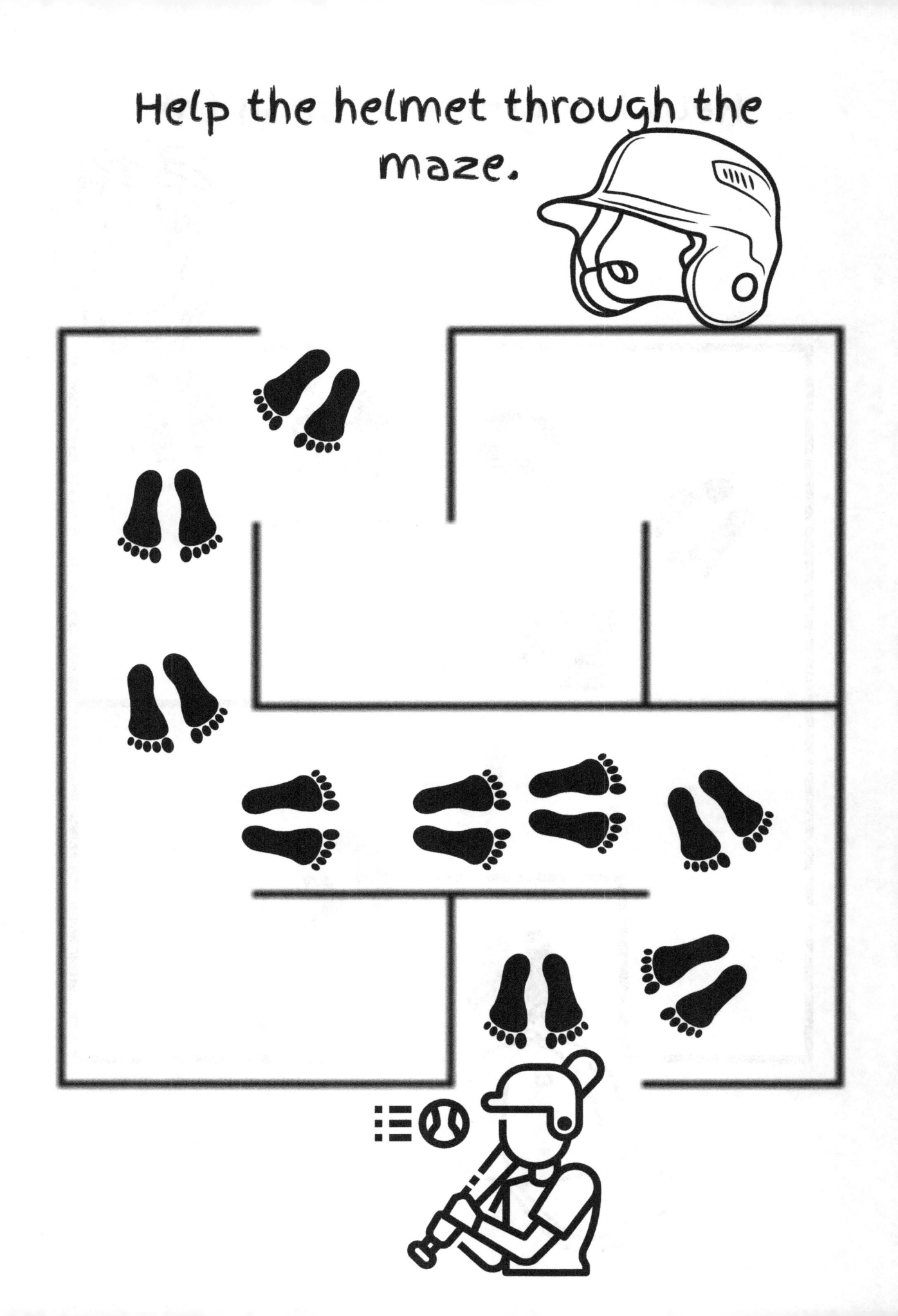

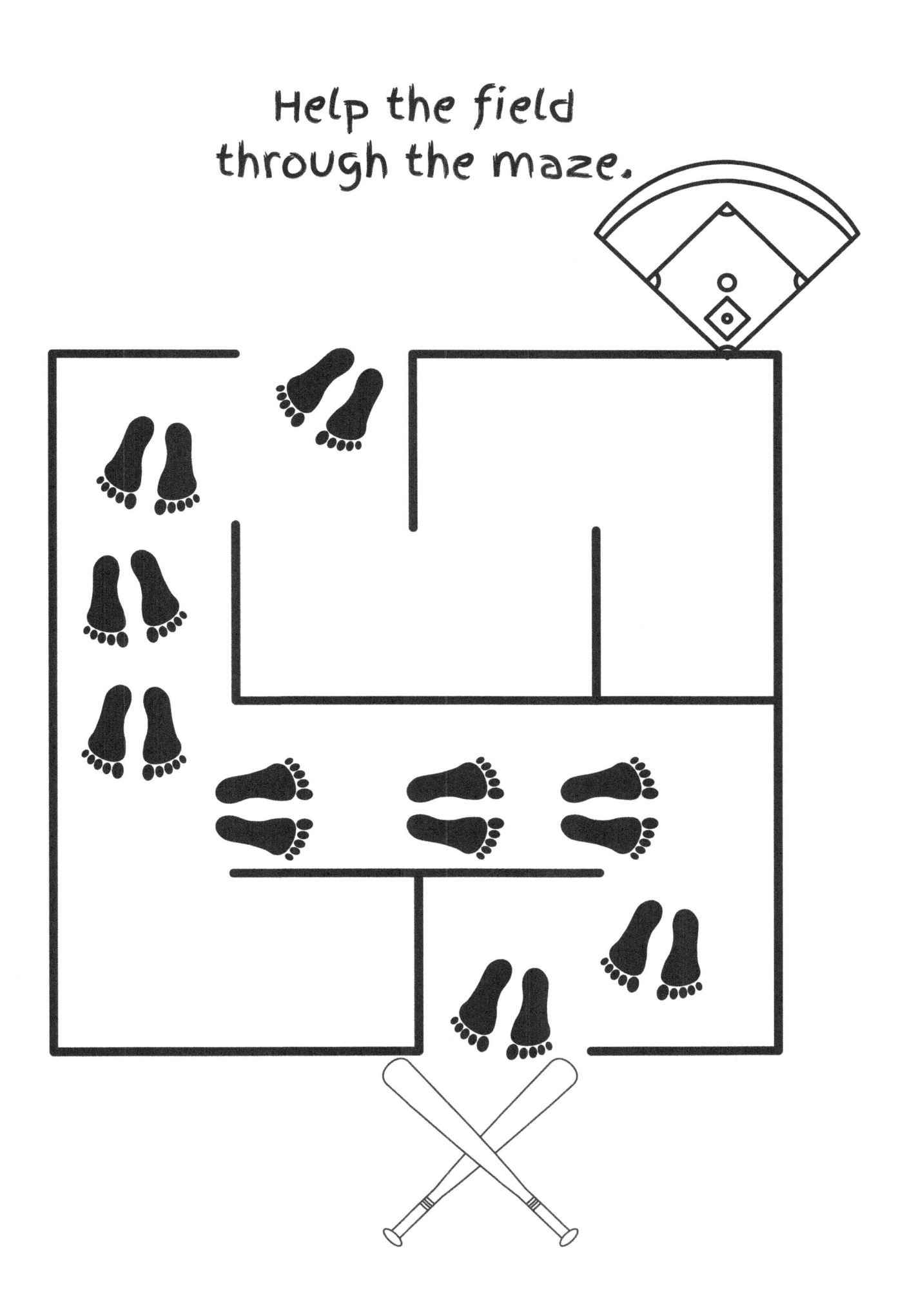

# Help the field through the maze.

# Help the mitt through the maze.

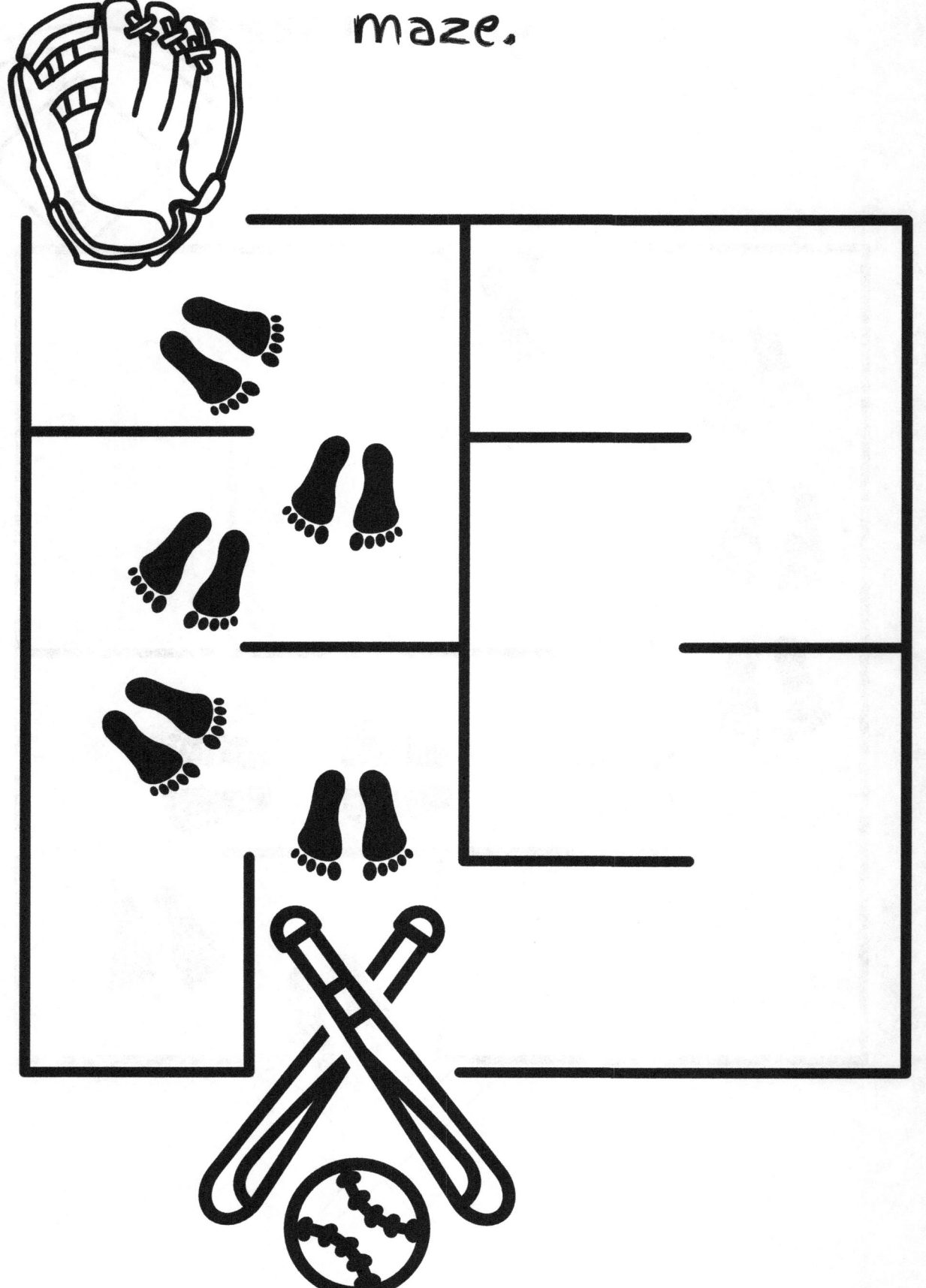

# Help the player through the maze.

# Help the umpire through the maze.

# Help the pitcher through the maze.

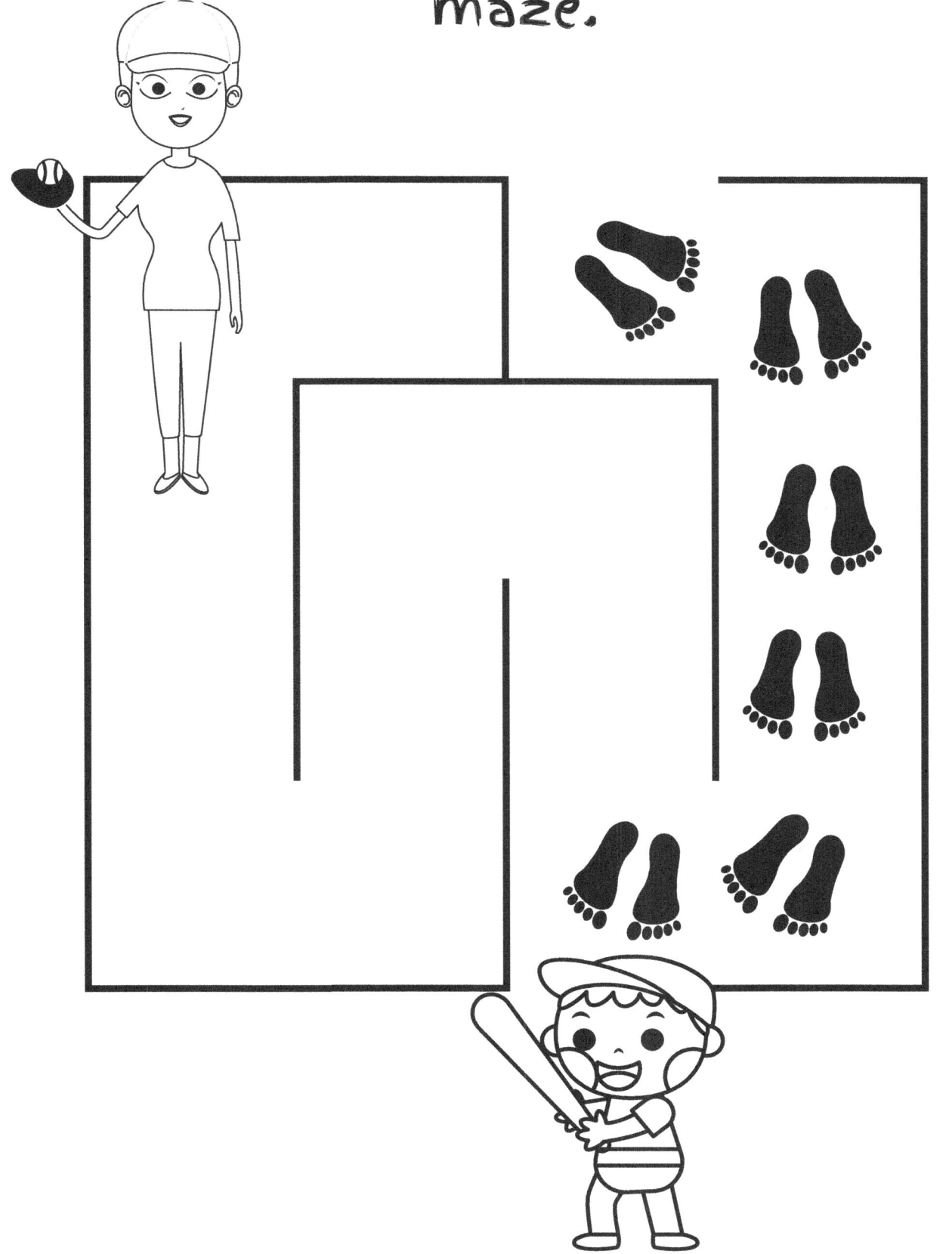

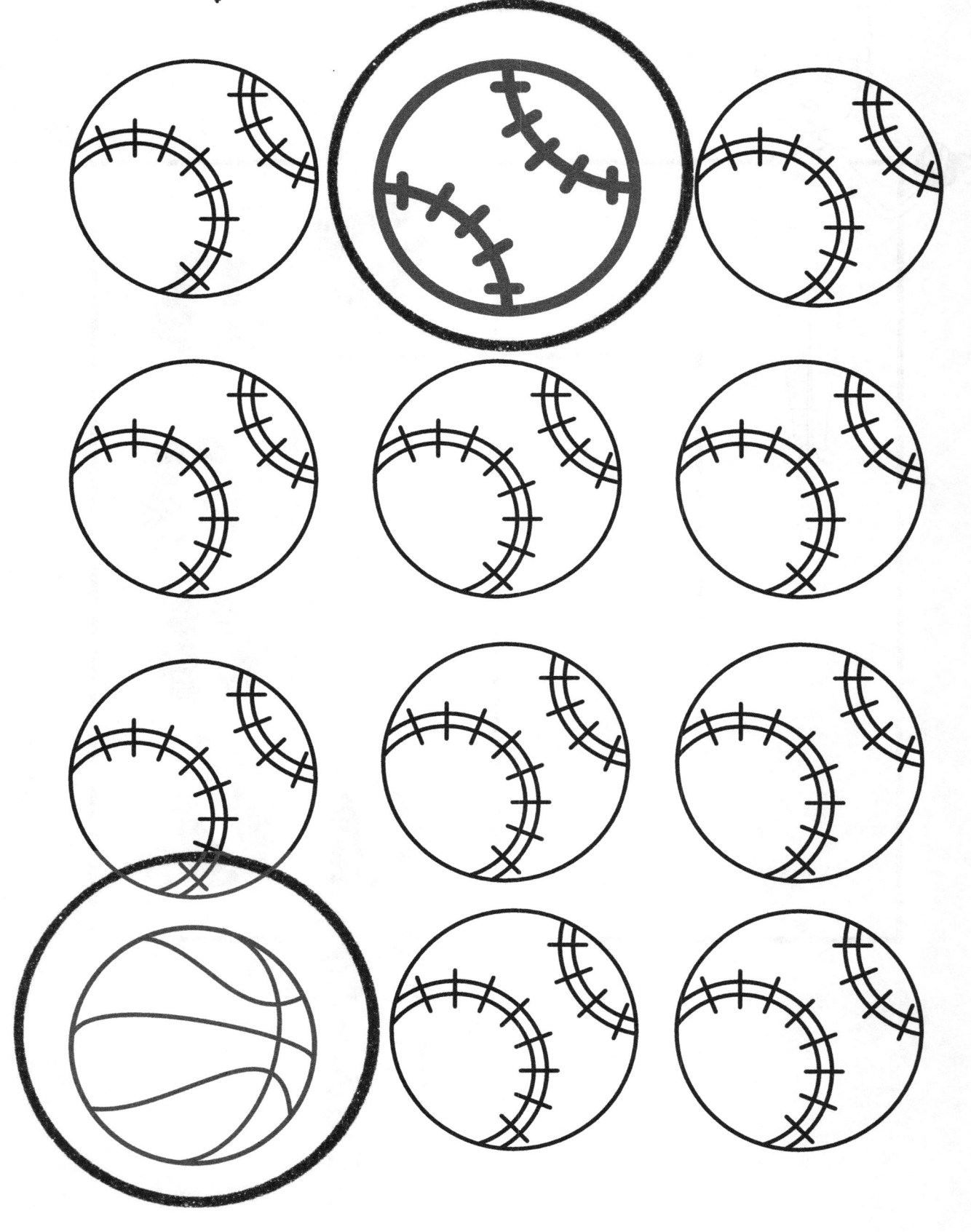

# Spot The Differences

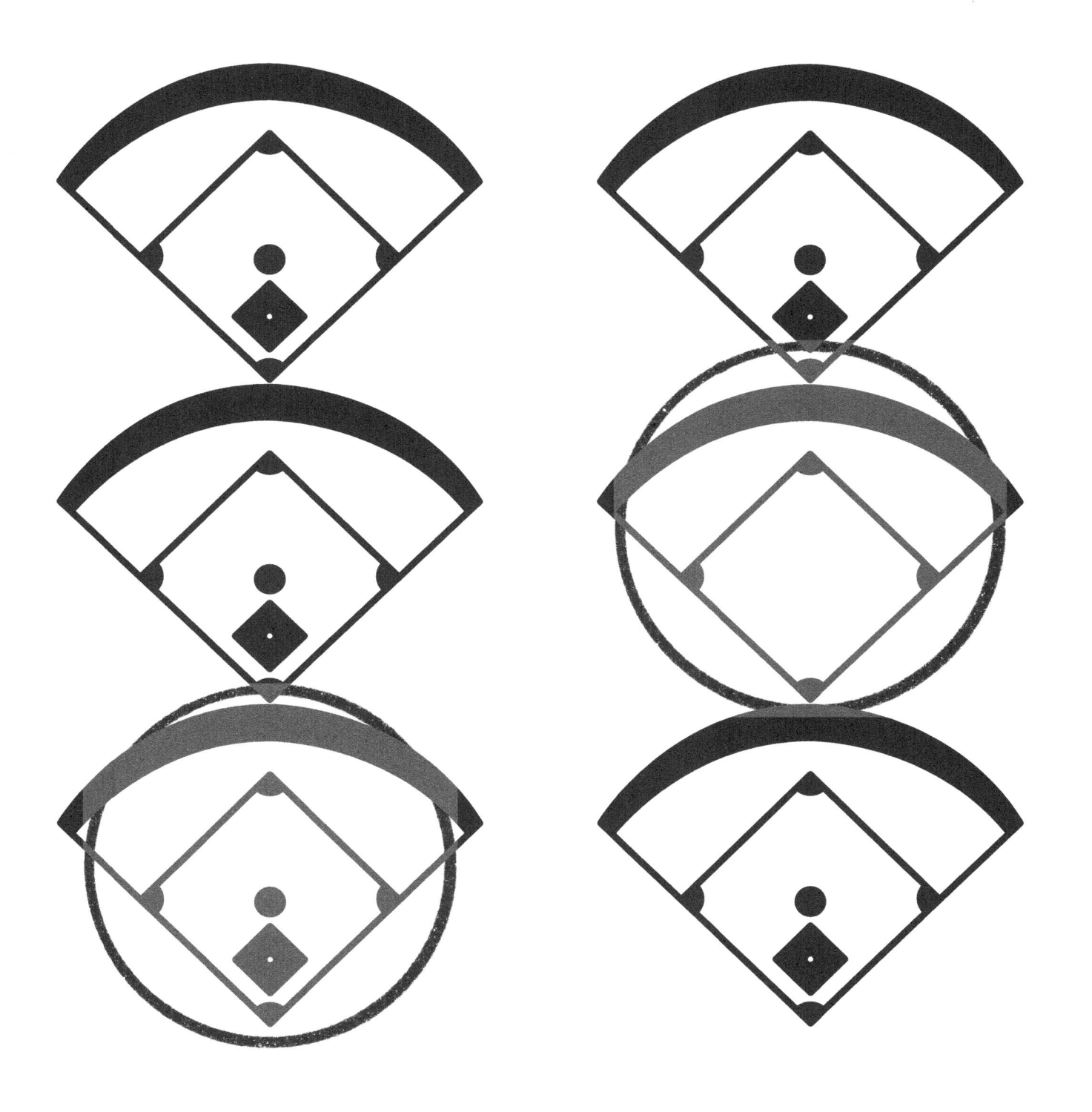

# Spot The Differences

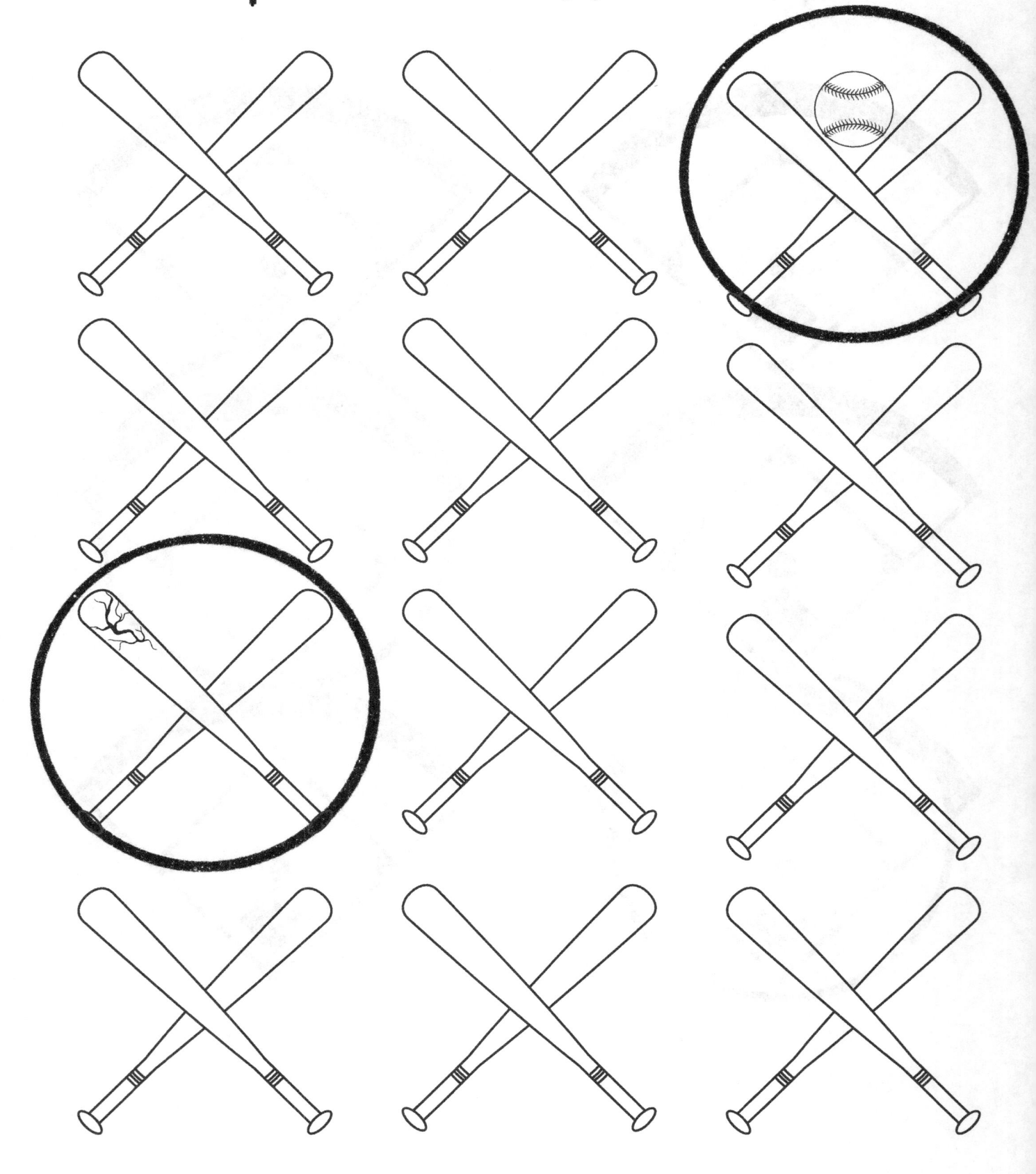

# Spot The Differences

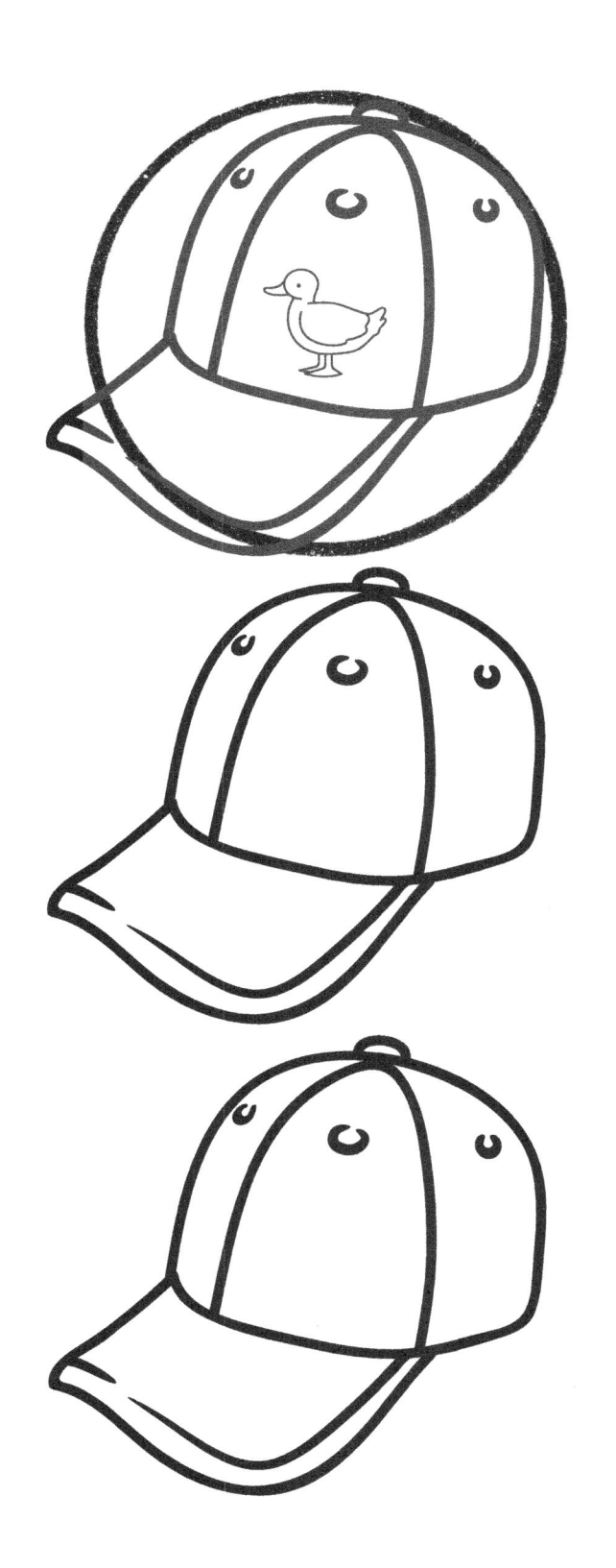

# Spot The Differences

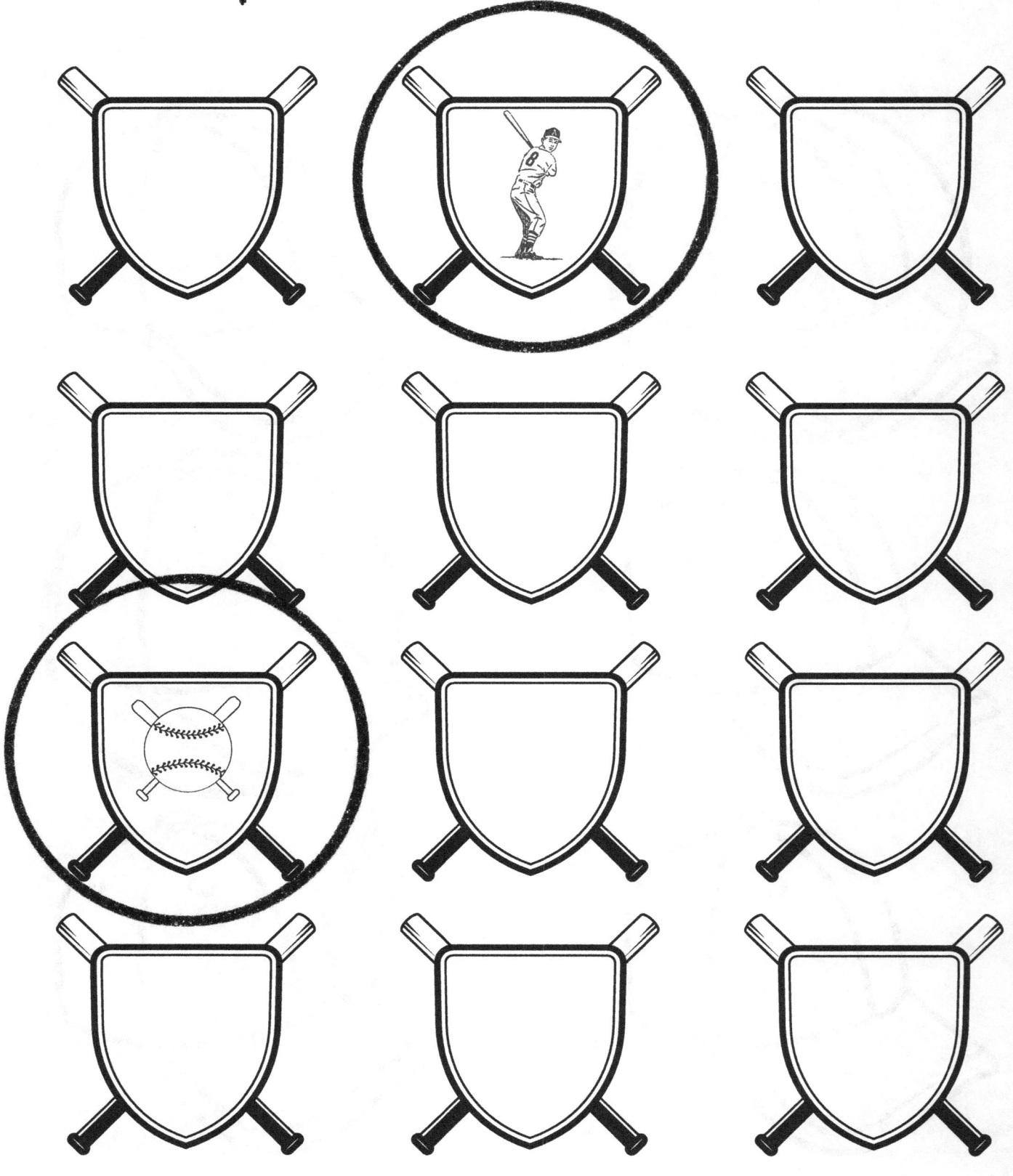

# Spot The Differences

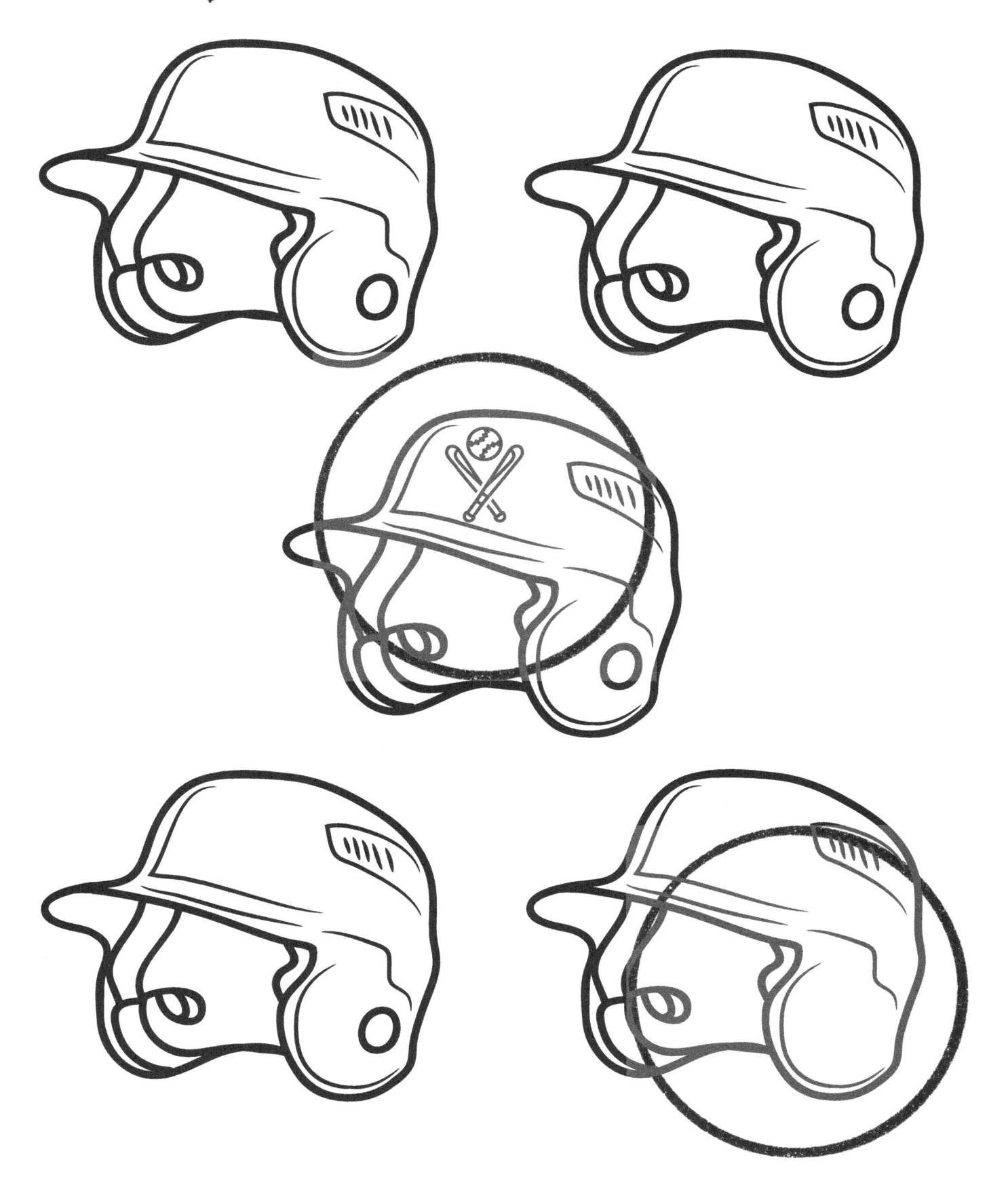

# Spot The Differences

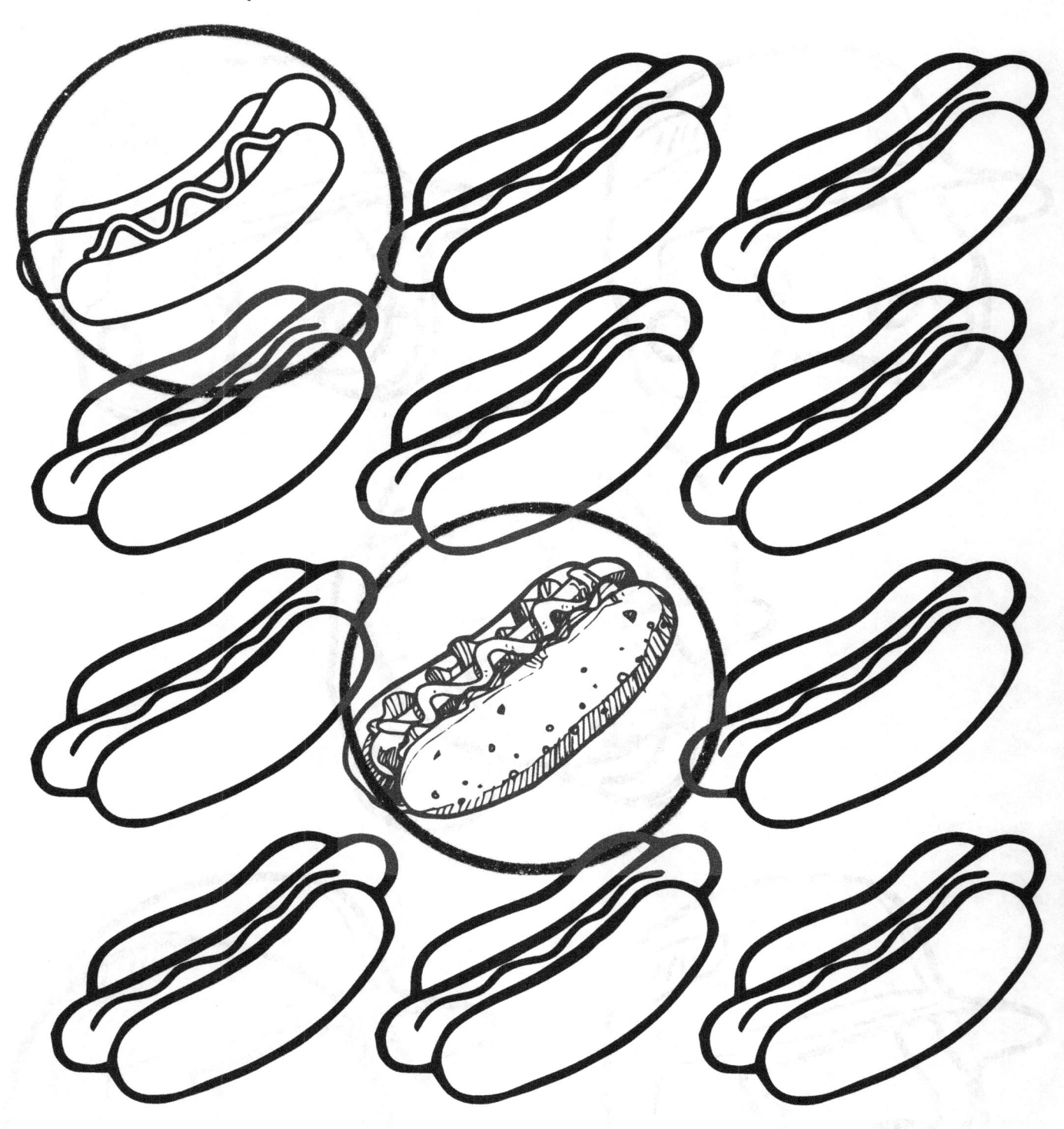

# Spot The Differences

# Spot The Differences

# Spot The Differences

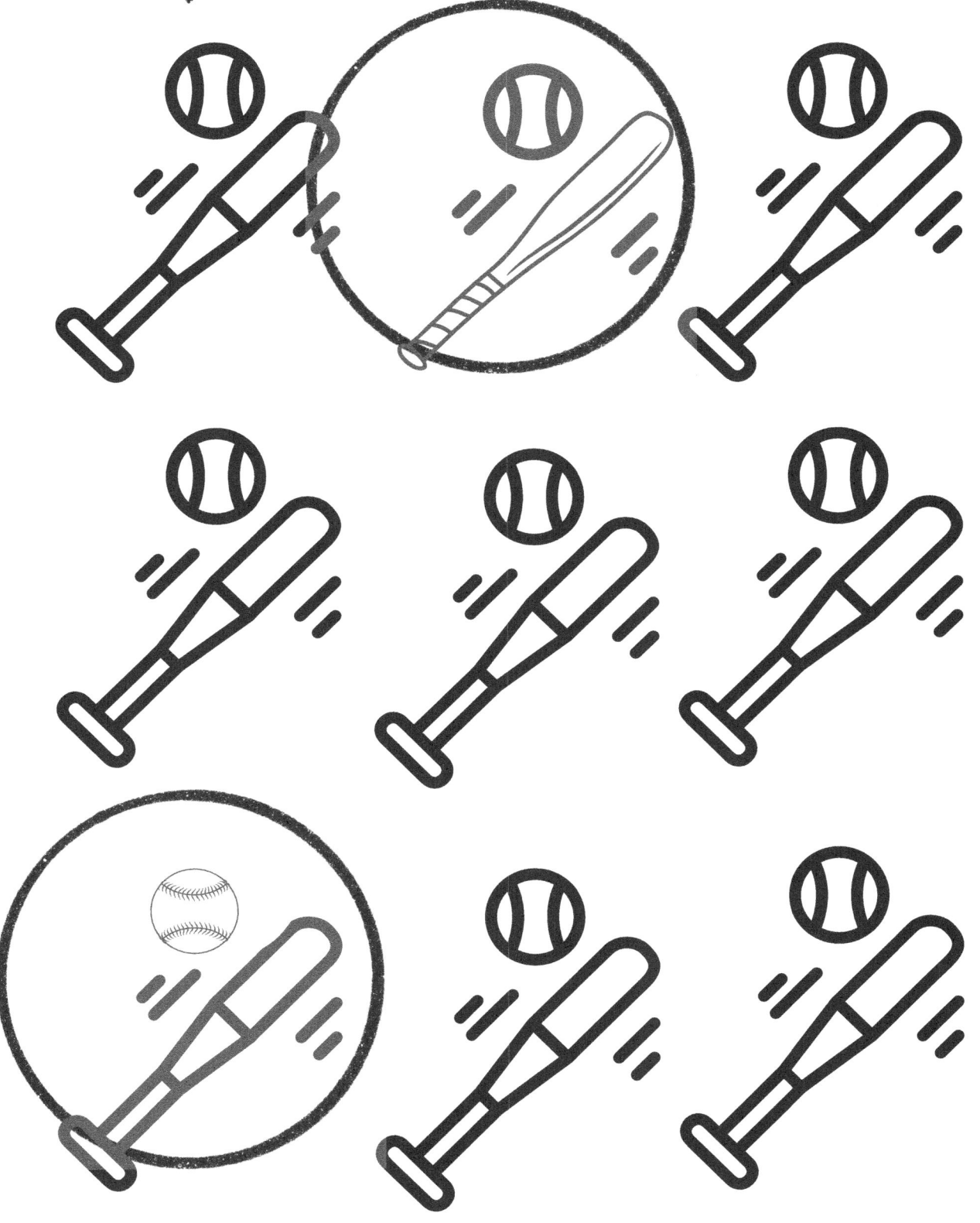

# Spot The Differences

| | | | | | | | |
|---|---|---|---|---|---|---|---|
| q | g | l | d | m | o | s | y |
| v | m | l | i | q | s | m | y |
| l | l | a | b | e | s | a | b |
| f | y | b | t | u | t | d | l |
| j | i | a | e | a | r | a | m |
| q | b | e | i | r | e | v | z |
| x | m | b | l | u | e | d | m |
| s | t | a | n | d | s | z | b |

| | | | | | | | |
|---|---|---|---|---|---|---|---|
| f | r | f | l | x | t | j | h |
| i | a | s | d | h | i | g | x |
| h | r | n | t | n | h | a | y |
| h | a | z | m | r | e | n | v |
| s | c | a | w | n | i | j | n |
| x | s | c | o | r | e | k | x |
| d | p | t | o | i | i | b | e |
| y | s | g | r | a | s | s | a |

| | | | | | | | |
|---|---|---|---|---|---|---|---|
| j | d | x | g | k | d | v | t |
| r | j | b | f | n | b | e | u |
| e | a | x | a | i | m | e | s |
| e | r | t | m | l | r | e | o |
| h | s | o | e | o | v | s | n |
| c | n | h | c | o | i | w | t |
| s | v | s | l | d | g | h | h |
| h | q | g | u | l | k | i | x |

| | | | | | | | |
|---|---|---|---|---|---|---|---|
| o | g | a | i | b | u | l | u |
| u | g | s | h | i | r | t | k |
| i | y | a | l | p | m | e | t |
| k | i | a | k | p | h | w | f |
| m | b | q | h | a | c | e | s |
| m | a | o | e | n | t | y | k |
| c | m | e | n | t | i | c | t |
| e | b | o | t | s | p | n | m |

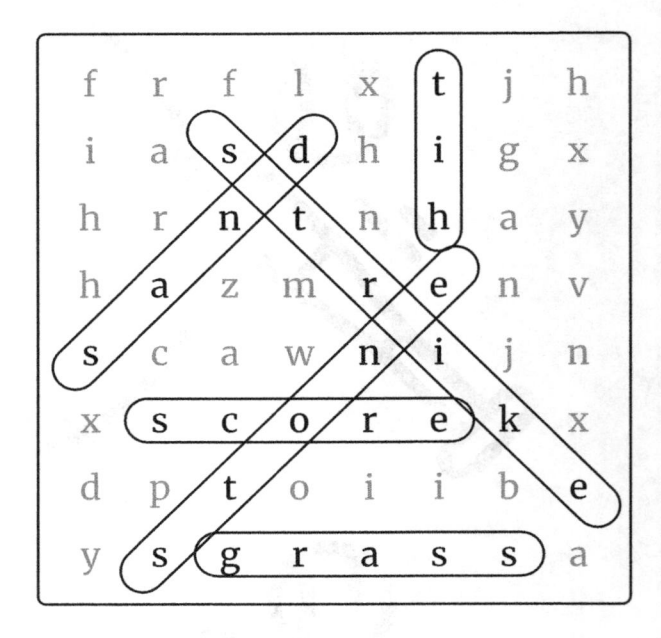

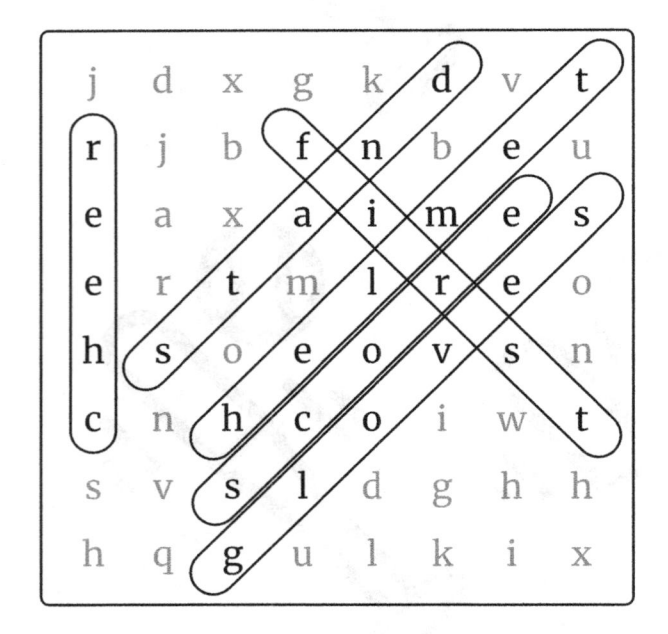

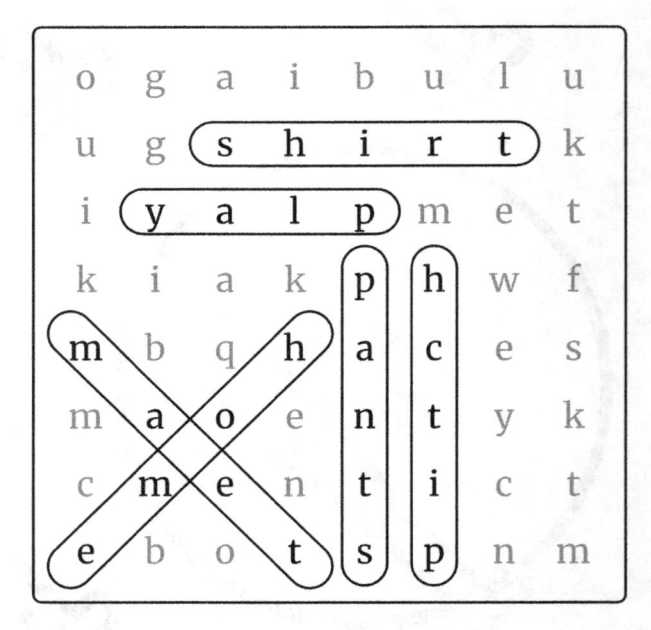

| | | | | | | | |
|---|---|---|---|---|---|---|---|
| b | k | v | i | m | n | j | n |
| p | r | e | d | l | e | i | f |
| l | i | n | e | s | e | r | s |
| a | i | g | m | r | e | n | h |
| y | p | l | i | t | d | c | i |
| e | f | p | t | v | a | f | t |
| r | m | a | p | o | e | m | h |
| u | b | r | c | k | q | a | n |

| | | | | | | | |
|---|---|---|---|---|---|---|---|
| g | m | e | o | w | q | s | e |
| r | m | i | t | t | k | e | o |
| i | h | a | l | u | g | o | n |
| k | e | l | t | s | i | h | w |
| b | w | m | g | s | a | c | g |
| t | a | w | w | n | j | t | g |
| v | l | s | e | a | o | a | l |
| j | k | i | e | f | p | c | a |

| | | | | | | | |
|---|---|---|---|---|---|---|---|
| m | k | p | a | n | t | s | p |
| d | g | y | r | p | o | t | b |
| h | n | v | e | m | w | u | l |
| j | i | o | h | m | y | t | t |
| m | n | t | c | d | x | m | y |
| i | n | n | t | e | p | t | l |
| c | i | v | a | e | s | f | a |
| c | v | r | c | w | r | y | u |

| | | | | | | | |
|---|---|---|---|---|---|---|---|
| e | w | h | g | f | e | s | f |
| h | w | z | h | d | n | l | y |
| s | q | s | i | a | x | s | p |
| k | h | l | c | o | d | i | h |
| n | s | k | f | a | l | l | q |
| i | s | o | k | s | g | e | l |
| r | k | w | g | m | g | z | e |
| d | d | i | j | u | m | p | r |

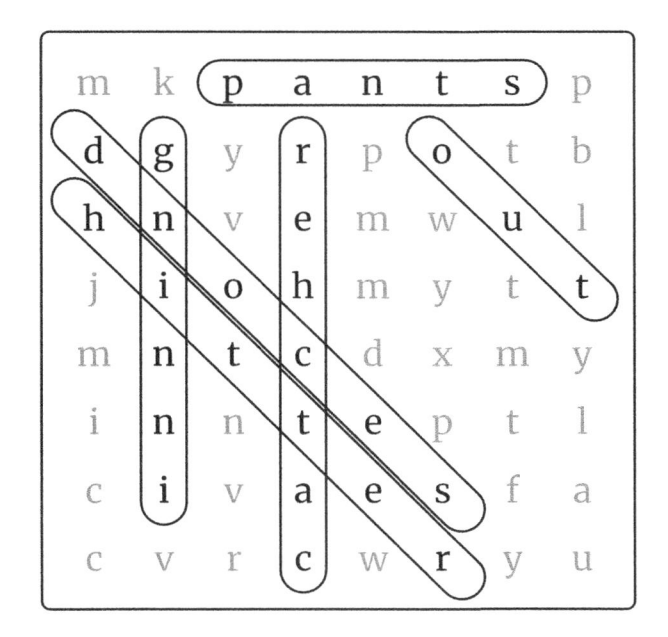

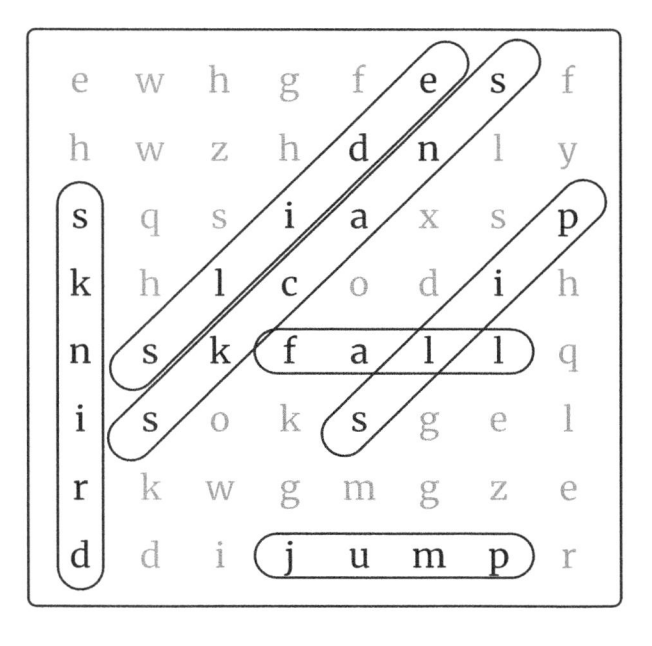

| | | | | | | | |
|---|---|---|---|---|---|---|---|
| t | h | i | r | d | h | x | b |
| v | g | k | i | l | c | j | e |
| r | v | e | n | o | a | w | e |
| z | m | m | f | o | c | s | n |
| p | b | d | i | k | o | h | e |
| s | q | g | e | o | b | v | e |
| p | q | h | l | e | h | q | s |
| w | i | n | d | e | w | q | i |

| | | | | | | | |
|---|---|---|---|---|---|---|---|
| o | e | f | o | u | l | x | f |
| a | c | a | p | t | g | c | z |
| l | g | c | s | g | i | z | e |
| s | t | a | d | i | u | m | v |
| t | f | z | e | t | w | j | r |
| r | x | z | q | n | x | o | u |
| t | d | r | z | w | l | o | c |
| s | p | o | r | t | j | k | x |

# Copyright © 2022

All rights reserved.
No part of this publication
may be reproduced,
distributed or transmitted
in any form or by any means
including photocopying,
recording or mechanical methods,
without
the prior written
permission of the publisher,
except in the case
of brief quotations
embodied in critical reviews
and certain other
non commercial uses permitted
by copyright law.

Made in the USA
Las Vegas, NV
09 June 2025